JN062263

日本の冤罪

尾崎美代子 著
Ozaki Miyoko

鹿砦社

日本の冤罪

尾﨑美代子 著

弱者に寄り添い、底辺の実相を伝える――井戸謙一（弁護士・元裁判官）

大阪市西成区太子二丁目、通称「釜ヶ崎」のドヤ街に近い一角に、居酒屋「集い処はな」がある。この書籍の著者である尾崎美代子さんは、この店のオーナーだ。客からは、「はなママ」と呼ばれる。「はな」とは開店当時の愛犬の名前だそうだ。

尾崎さんは、新潟県の出身。世間体に流されないで我が道を行く両親の次女として生まれ、学園紛争の余韻が残る東京の大学で社会的な問題に視野を広げ、学生運動に身を投じ、高揚と失意を経験した。社会の下層で生きる人たちに心を寄せ、一時は東京の山谷で生活していたが、一九九〇年代に釜ヶ崎に来た。以後、釜ヶ崎の日雇い労働者や失業者の生活支援、人権問題の解決等に関わりながら生きてきた。一日汗まみれで働いた労働者たちが仕事着のまま気軽に飲める店を営みたいと思い立ち、「集い処はな」を開店した。以来、二〇年がたつ。店は、今や地域に溶け込み、労働者や様々な社会活動をする人たちのたまり場になっている。

社会の不条理を許せない尾崎さんの問題意識は、多方面に広がり、自らが主催して、原発問題や冤罪《えんざい》問題の講演会等を開催してきた。

私が尾﨑さんと知り合ったのは、二〇一九年六月。尾﨑さんが主宰した「再審無罪を勝ち取ろう」という集会に、当時、湖東記念病院事件の再審公判中で、後に再審無罪となる西山美香さんと、弁護団長であった私が呼ばれ、講演をさせていただいたときだった。尾﨑さんからは、居酒屋のママ兼市民運動家だと紹介を受けた。後にライターになるとは、全く思っていなかった。

その後、尾﨑さんから湖東記念病院事件について取材依頼が来たので、これに応じた。そして、本書に掲載されている「湖東記念病院事件」「湖東記念病院事件・続」が書かれ、雑誌『紙の爆弾』に登載された。尾﨑さんの冤罪問題についての問題関心は急速に拡がり、他の冤罪被害についても取材を続けられることになった。気がついたら、本書に収録されているように、十六件もの冤罪事件について取材を重ね、原稿を上梓し続けたことになる。本書はプロのライターによるルポルタージュではなく、あるときは居酒屋のママ、あるときは釜ヶ崎の活動家という素人の（失礼！）ライターによるルポルタージュなのである。それだけに文章は素朴であり、新鮮である。

内容は、本文を読んでいただきたい。いずれも簡潔にまとめられて、それぞれの事件の概要、なぜ冤罪だと断言できるのか、どのようにして冤罪がでっちあげられたのかがわかりやすく説明されている。実は、冤罪被害者の多くが、被差別部落の出身者、在日外国人、知的障害者、発達障害者、社会的経験の乏しい若者、不良・チンピラと呼ばれる人たち等の社会的弱者である場合が多い。警察に「こういう人間は犯罪を起こす可能性が強い」という差別感覚があること、これらの人の多くは法的知識が乏しく、経済力も乏しく、護ってくれる人的資源も乏しいことが冤罪が生み出される原因の一つである。これらの人が、警察からいったん狙われたら、自らを守り抜くことは難しい。尾﨑さんは、これらの社会的弱者に対する同情と、社会的弱者を犯罪者に仕立て上げてしまうこの国の刑事司法システムに対する怒りを隠さない。

捜査能力に乏しく、目星をつけた人物を別件逮捕等で警察に連行して、取り調べで厳しく締め上げて自白をさせるという捜査手法、いったん方針が決まれば、その人物の無罪を裏付ける証拠を隠してでも犯罪者にしたてあげようとする卑劣さ、警察の意向に沿って問題がある事例でも起訴し、いったん起訴したら有罪判決をとることが検察の威信であるとして、それに邁進する検察官、検察官が起訴した事件に間違いはないと盲信し、被告人の無実の訴えを真摯に検討することもなく、有罪判決の自動製造機の役割を果たす裁判官、犯罪事実を認めるまで保釈申請は認められず、軽微な罪でも長期にわたって身柄拘束が続くいわゆる「人質司法」、日本の刑事裁判システムの闇は深い。

現在、日本弁護士連合会では、多々ある日本の刑事司法の問題点の中でも、とりわけ針の穴にらくだを通すより難しいと言われる再審制度を改革すべく、再審法改正運動に全力を挙げている。その意味で、この書籍の出版は時宜を得たものだった。平穏な生活を送っている市民が、いつ、警察に連行され、無実の罪を科せられるかわからない。今の日本に住む私たちは、実はそういう社会に生きている。

尾﨑さんの努力の結晶であるこの本をお読みいただき、冤罪事件の恐ろしさを認識していただくとともに、日本の刑事司法のあり方について問題意識を持っていただきたい。そして、刑事司法改革の運動に力を貸していただければ、これほど嬉しいことはない。

尾﨑さんには、これからも市民ジャーナリストとして、社会的弱者に寄り添い、社会の底辺の実相を伝えるルポルタージュをどんどん発表していただくことを期待したい。

出版にあたって――尾﨑美代子

本書の元である「日本の冤罪シリーズ」は、鹿砦社の月刊誌『紙の爆弾』の新コーナーとして、二〇一九年十一月号より始まりました。連載開始にあたり、編集部から「尾﨑さんも執筆しないか」と打診がありました。法律や裁判の専門家でもない私は「冤罪の原稿など書けるだろうか」と心配でしたが、関西で起きた冤罪事件をいくつかでも書くことができればと執筆に参加し、気がついたら十六件もの事件を取材・執筆していました。

執筆にあたっては、裁判資料を読み、冤罪の当事者、家族、弁護団、支援者などに話をお聞きしました。とりわけ私の関心は、事件を深くしるほどに、増してくる「そんなことがあるのか?」という素朴な疑問でした。例えば、事件後犯人に疑われ、精神科に通うほど追い詰められたにも関わらず、その後警察の呼び出しを受けてもいないのに、自ら警察署に足しげく「出頭」する犯人がいるだろうか?（湖東記念病院事件）、マンション購入のためのローン審査が通っていない段階で、わずかな初期費用捻出のために、愛娘を保険金目的で殺害する母親がいるだろうか（東住吉事件）、あるいは残忍な殺人事件の凶器のモンキレンチの、わずか数千円の購入費を会社の経費で落とそうとする犯人がいるだろうか（鈴鹿殺人事件）などなどです。

そんな素朴な疑問は、私が取材したどの事件にも存在しました。しかし、日本の警察、検察はいったん犯人とみなし逮捕したからには、彼らが犯人でないとわかっても、彼らを犯人に仕立てていきます。本書では、捜査が進む過程で、警察、検察がいかに悪質で執拗な手口で無実の人を「犯人」に仕立て上げるか、つまり冤罪を作るかを明らかにすることに焦点をおいてきました。本書を手にされた方にはぜひ、こうした日本の冤罪犠牲者がおかれた現状を知っていただき、一人でも多くの人たちに広めてほしいと願っています。

本稿を書いている最中の八月二十三日、布川事件の冤罪犠牲者・桜井昌司さんが逝去されました。私は以前より冤罪事件に関心を持っていたものの、より関心を強め、さらに冤罪を世の中に広めなくてはと考えるきっかけとなったのは、桜井昌司さんとの出会いからでした。本書の冒頭に桜井さんとの対談が収められていますが、その対談が、桜井さんと直接お会いした最後となりました。対談中、桜井さんが何度も口にしたのは、「日本人は長いものにまかれろだから、愚民だよ、愚民」との日本人への厳しい批判でした。そして、闘病中で身体を起こしていることも厳しい状態の桜井さんは、身体をソファに横たえ「何言ってもいいんだよ。おれはもう死ぬんだから」とも呟かれました。あまりに衝撃的だったために、対談の原稿からその言葉は外そうとも考えましたが、結局そのまま入れました。今になればあの言葉は、桜井さんの私（たち）への叱咤激励の言葉だと考えるからです。

思えば本書に収めた事件の半分は桜井さんに紹介されました。桜井さんの紹介がなければ、事件の当事者、関係者の皆さんが、こんな素人の私の取材に懇切丁寧に応じてはくれなかったと思います。

記事が掲載された『紙の爆弾』を送るたびに桜井さんからは「この事件を広めてくれてありがとう」とお礼を言われました。

一人でも多くの人に冤罪事件を知ってほしいとの思いで、原稿を書きましたが、そうして桜井さんに褒めてもらいたいとの思いもあって続けて来られたのかもしれません。「尾﨑さん、あの事件書いてよ」と紹介された事件はまだあります。だから桜井さんにはまだ「さようなら」はいえません。

犯罪を犯していない人が犯人に仕立て上げられるのは、権力による犯罪です。誰しもが冤罪被害者として「犯人」に仕立て上げられる可能性があります。理不尽な、あまりに理不尽な冤罪が日本の警察・検察によってどのように作り上げられるのか、その構造・仕組みを知っていただければ幸いです。

なお、本書に収めた報告は、雑誌『紙の爆弾』の「日本の冤罪」シリーズに掲載した原稿に加筆・修正を加えたものです。

《対談》

《対　談》

桜井昌司×尾崎美代子

「布川事件」冤罪被害者と語る冤罪裁判のこれから

2021年8月27日、東京高裁前。布川国賠で東京高裁は、県の取り調べの違法性を認めた上で、国（検察）の取り調べの違法性も認め、完全勝利判決を言い渡した

裁判はなにがおきるかわからない

尾崎　昨日（二〇二三年二月二十七日）、大阪高裁で、日野町事件（滋賀県）の再審開始を認める決定がでました。この事件は、それまであまり知られていませんでしたが、私は桜井さんに教えて頂き、取材させていただきました。昨日、私は高裁にいけませんでしたが、桜井さん、いかがでしたか？

桜井　俺、この裁判は絶対勝つと思っていたよ。あのような証拠構造が明らかになったことから考えれば、どんな馬鹿な裁判官でも再審開始の取り消しはできないだろうと思ってた。そういう意味では安心してた。でも裁判は、何がおこるかわからないからちょっとドキドキもしてた。裁判所から出てきた弁護士が、走り出した瞬間、勝ったとわかったね。

尾﨑　本当に良かったですね。桜井さんのいうように、裁判は何がおきるかわかりませんね。昨年の三月三日、名張毒ぶどう酒事件で、名古屋高裁が異議申し立てを棄却したときも驚きました。その前に名古屋であった集会に私も参加しましたが、あれだけ隠されていた証拠、つまり奥西さんを無実とする証拠がでていたので、絶対再審開始と思っていたので。

桜井　あれも酷かったね。ぶどう酒瓶の王冠に巻かれた紙に付いてた糊の成分がわかって、じつは製造過程で付いた糊ではなく、家にあるような洗濯糊で貼り直されていたことがわかったりしてたからね。でも、原告は上告しているから、最高裁で覆る可能性もある。本当にあれも許せない。妹の美代子さんは九〇歳を過ぎてるからね。

尾﨑　本当ですね。日野町事件も、名張毒ぶどう酒事件同様、冤罪被害者が亡くなったあとで、遺族の方が再審請求した裁判ですが、こちらは大津地裁の決定から四年近くかかりました。非常に長かった気がしますが。

桜井　確かに長かった。けどね、俺は大阪高裁がそれにふさわしい決定を書くのに必要な時間だったのだとは思う。

尾﨑　夕方のニュースでみましたが、引き渡し捜査は金庫を捨てた場所への捜査と、遺体を遺棄した場所に行く捜査の二回あって、大津地裁判決は、金庫の引き当て捜査に嘘があったとしましたが、昨日の大阪高裁判決ではさらに、遺体を遺棄した場所への引き当て捜査で、人形（遺体）の置き方に不自然な点がある、つまり警察に誘導されたのではということでした。

桜井　俺もまだ決定の詳しい内容は見てないから、そのへんはわからないけどね。あと遺体の死斑の問題も大きかったと思う。遺体の背中一面に死斑があったということは、遺体を遺棄現場に置くとき、背中を下に置いたということだよね。でも阪原さんの自白では横向きに置いたとしていたからね。捜査に問題があるわけではない。事実に間違いがあるということだね。

尾﨑　日野町事件は、ほかにも問題がたくさんありますが、桜井さんがブログに書いてましたが、一審の大津地裁では、審議の後半、坪井祐子という裁判官が、同期だった担当検察官に、公訴事実をぼかすよう指示していたことがありましたね。

桜井　そう、それも裏で密かに連絡とってね。どうしても検察官を勝たせたいんだよね。

尾﨑　ですね。日野町事件の取材で伊賀弁護士にお話を伺いましたが、伊賀弁護士も開口一番「この事件は、いつどこで、どんな事件だったかという事件性の中身がいまだにあきらかにされていません。これがこの事件の最大の特徴です」と話されてまして、私、思わず目が点になりました。いつどこで殺害されたかわからないまま裁判してたの？　で、結局、最後に坪井裁判官が同期の検察官に、公訴事実をぼかすよう指示して、有罪にした。

桜井　酷いよね。今市事件（栃木県）と同じだよ。あの事件も、殺害場所も殺害時刻がはっきりしないいんだから。警察も検察も勝又さんに「あそこで殺した」と言わせることができない。それで「だいたいあの周辺で殺した」「だいたい何時から何時の間だった」と場所や時間を広く変更させて、むりやり有罪にしたんだから。めちゃくちゃだよ。奴らのやることは。

アリバイが潰された日野町事件

尾崎　日野町事件では、阪原さんは事件から三年後に逮捕されましたが、逮捕一年前にも一度警察に逮捕されかけた。そのときはアリバイがちゃんと証明されてますよね。

桜井　そう、警察で取り調べを受けたとき、阪原さんは思い出せなかったが、一緒に行った奥さんがちゃんとアリバイを証明したので、警察は「これでは逮捕できない」と逮捕状をいったん失効させた。

尾崎　その後、警察は改めて逮捕状を取り直して阪原さんを逮捕したのですが、では最初にアリバイを証明していた人たちの供述が変わったということで

2021年9月14日、大阪高裁前で日野町事件の獄死した冤罪被害者阪原弘さんのご遺族と桜井昌司さん

すか。

桜井　アリバイが変わったというより、アリバイが潰されたんだよ。阪原さんは、当日、ある集まりに参加したあと、みんなと飲んで、そのままその家に泊まっていたが、そのアリバイが潰された。

尾﨑　アリバイが潰されたというのは、桜井さんもそうでしたよね。

桜井　そう、事件のあった日、俺は東京の兄貴がバーテンやっている店で飲んでいたのに、ママが「来ていない」と言った。ママも警察にむりやり変えさせられてんだけどね。本当にひどい奴らだよ、警察の連中は。

尾﨑　本当にそうですね。

警察は自分の「正義」以外が見えなくなる

桜井　ところで、尾﨑さんに初めて会ったのは、二〇一六年八月、青木惠子の再審無罪判決が出た時だよね。

尾﨑　そうです。裁判所の前で金（聖雄）監督に紹介してもらい、「関西に来ることがあったら、店に寄って話をしてく

2021年9月13日、大阪・大国町「社会福祉法人ピースクラブ」で支援者と歌う桜井昌司さん

ださい」と頼みました。そしたら、ひと月もしないうちに「関西にいくよ」とメールを頂きました。私の店で二〇人ほど集まり、お話していただきました。私は、直接、冤罪被害者の方の話を聞くのは初めてだったのですが、金監督がおっしゃるように、「なんでこの人、こんなに元気なんだ」というのが第一印象でした（笑）。

桜井　で、なぜ、尾﨑さんは冤罪に興味もったの？

尾﨑　いつからか、何の事件からというのが思い出せませんが、いつのまにか冤罪関係の本をたくさん読むようになっていました。それ以前になぜか凶悪事件にずっと興味を持ってます。大学生のとき、入学してすぐに入ったサークルが「犯罪心理研究会」でした。

桜井　凶悪事件に、なぜ？

尾﨑　うまく説明できませんが、人間誰でも生まれてきたときからワルとか凶悪犯ではないじゃないですか。でも普通だった人が大人になり、ワルになったり、犯罪を犯してしまう。中には、よくそんなことができるなという凶悪犯罪もある。それは個人の資質の問題だけではなく、彼を取り巻く社会環境や政治にも問題があるのではないかと思ったからです。それで凶悪犯罪を調べていくと、意外に冤罪が多い。桜井さんがいつもいうように、凶悪事件であればあるほど、警察も捜査に必死になりますからね。遺族の気持ちを考えて事件を早期に解決しようと。その必死さから、冤罪を作るという誤った方向へ進んでしまう。あと、根本に差別の問題がある。学生の頃、集会などに参加した狭山事件など典型ですが、「部落の人間がやったのではないか」とか。桜井さんと杉山さんは、地元の「ワル」だったので目をつけられたとか。

桜井 そう。

尾﨑 で、いろんな冤罪事件の書籍を読んでいくのですが、当初冤罪と言うのは、警察が被疑者に暴行してむりやり自白させるとか、証拠や目撃情報、あとDNAなどいろんな鑑定の精度が低かったために、誤ってつくられてしまうと考えていました。でも、途中から警察、検察が証拠を隠したり、日野町事件や桜井さんの事件みたいにアリバイを潰してまで、一旦逮捕した人を絶対に犯人に仕立てるということを知りまして、そこまでしていったん犯人と決めた人を、絶対犯人に仕立てようとする警察や検察の行為は、凶悪事件以上に恐ろしい気がしました。

桜井 そうだね。しかも彼らは、それを正義のもとにやるからね。なんていうんだろう、彼らは正義以外は見えなくなるんだろうね。

尾﨑 正義以外見えなくなるというのは？

桜井 彼らは、自分たちが正義と思い込んでいるという意味。

尾﨑 自分たちが正義？

桜井 そう。歪んだ正義だけどね。一度、そう決めて思い込んだならば、あとは自分たちが決めた正義を正しいことにするために、証拠捏造もする。検察官も同じだね。こっちは、警察の作った捏造証拠を真実とみせかけるために、無実を示す証拠を隠してでも、あるいは御用鑑定人を使っても、証拠隠しの鑑定をさせる。

尾﨑　以前私たちがやった講演会で、桜井さんが、警察や検察は頭が良すぎるから、自分が正しいと思ったことは絶対正しいと思い込んでしまうと話していましたが。

桜井　警察はそんなに頭よくないよ（笑）。ただ検察官は警察から上がってきたものは否定できないんじゃないかな。警察との力関係で。

尾﨑　検察の方が警察より立場が弱いということですか？

桜井　そうだね。検察は警察を指揮する立場にあるとはいえ、実際は検察の方が力関係では弱いと、俺は思うよ。裁判に提出されるのは検面調書（検察官面前調書）だけど、彼らに実行捜査力はないしね。以前、日本共産党の幹部の緒方靖夫さん（当時日本共産党国際部長）の自宅電話が、警察から盗聴されるという事件があったでしょう。

尾﨑　ありましたね。

桜井　当時検事総長だった伊藤栄樹という人が、あとで回想録か何かで「やっぱり警察にはかなわない」というようなことを書いてるんだよね。結局、警察の言いなりになってしまうと。それと、警察がいったん起訴した以上は、あとは自分たちが起訴を正しいとするために、ひたすら、その頭の良さを駆使して、屁理屈を述べる。それが検察だね。警察はそんなに頭良くないから、自分がこうと思ったら、そこに進むしかいかなくなってしまうだけだから。

尾崎　湖東記念病院事件の西山美香さんを取り調べた山本誠刑事も、途中で「いや、彼女は犯人じゃないのではないか」と気づいたと思うんですよ。ほかの事件でも、逮捕してしまった被疑者が明らかに「違うんじゃないかな」と思う瞬間があると思うのに、なぜ引き返せなくなるのか。

桜井　それは警察が間違ったといえない組織の人たちだからだよ。間違ったというと、いろんな立場で支障がでてくる。出世できなくなるとか含めてね。

2023年4月8日、東京弁護士会人権賞受賞お祝いパーティにて

平気で嘘をつく人たち

尾崎　話は変わりますが、組織に入ってそこに絡めとられるのは、司法の場だけではないですよね、先日、宮城県の大川小学校の裁判を取り上げた『「生きる」大川小学校 津波裁判を闘った人たち』という映画を観てきました。3・11の地震のあとの津波で子どもたちが大勢亡くなったのですが、現地で教師が山に逃げればいいものを、別の方に逃げさせたため多くの子どもた

ちが亡くなりました。遺族はなぜそんなことが起きたか知りたくて裁判をおこしました。もちろん最初から裁判したいわけではなかったのですが、事故後一〇回教育委員会の説明会があるのですが、そこで教師らが証拠を隠したり、平気で嘘をついたりする。警察、検察と同じなのにびっくりしました。

桜井　日本の組織は全てそうだよね。官僚も組織も。責任逃れのためにね。日本人はそういう卑怯さをもっているよね。ほとんどの圧倒的な人が、「それはおかしい」という勇気がない。日本人は本当にどうしようもなく弱い民族だね。すべては長い物に巻かれろだから。

尾﨑　長いもの、権威・権力・お上に弱い。取材で、冤罪被害者や家族の方にお話を聞くと、必ず言われるのは、冤罪被害にあうまで、警察は市民を守るもの、嘘をつかない人たちと思っていたといいますよね。

桜井　警察は市民を守る人たちというのは、ほとんどの人がそう思っているよ。ワルの俺でもそう思っていた。逮捕されてから、早瀬と言う捜査官に嘘発見器にかけられた。本当は、その結果が出てないのに、早瀬に「（結果は）すべて嘘と出た。もう駄目だから」と嘘をつかれた。あのときは、本当にがっくりしたね。それで、嘘の自白に追い込まれてしまった。「東京の兄の家に泊まっていたので調べて」と言うと、「兄さんは泊まってないと言っている」とか、「お前を被害者宅前で見た人がいる」とか、あいつら平気で嘘をつくからね。

尾崎　本当に平気ですからね。それから、取材した多くの人が日本の司法は中世のようだと言われますね。

桜井　そうだね。たぶん、戦前のほうがましだったかもしれないな。戦争中に今のような簡易法というのかな、要するに判決文を全部書かなくていいとかに決まって、それがずっと踏襲されてきたんだよね。それまでは判決文はちゃんと書かないとだめだったのにね。戦前は予審制度もあって、実は無罪率も高かった。検察はずるいから、戦後、そういう制度を「戦前は間違っていたから新しい制度にしなくては」と変えてしまった。で、法務省と検察庁がやっぱり強いから、みな、それにまかれてしまう。

袴田さんは絶対相手から目をそらさない

尾崎　次は三月一三日に決定が出る袴田さんですね。

桜井　袴田さんこそ勝ちますよ。もう二〇〇%勝つよ。脱酸素剤を使って真空パックにして地球上の環境にないことをやって、それで実験だと言って裁判を有利にしようとする。もう意味がわからない。

尾崎　昨年暮れに私たちが行った『オレの記念日』の上映会後のトークショー（桜井さん、金聖雄監督、池田俊巳カメラマン）で、桜井さんは、袴田さんはボクサーだから、つねに自分を逮捕した警察、検察、そして死（死刑）と向き合うから、精神をおかしくしてしまったと話されてましたが。

桜井　そう、袴田さんは絶対相手から目をそらさない。つねに相手と向き合う。袴田さんは死の恐怖ともまともに向きあったから、そうなったんだよ。俺は死の恐怖から逃げてきたからね。やっぱり怖いもん。その後、自分が病気になったときはもう怖くなかったけどね。

尾﨑　桜井さん、逮捕された時は二〇歳でしたし、法律のことなんて全く知らなかった。で、やってないので自白しなかったら「死刑もあるぞ」なんていわれたんですからね。

桜井　うん、本当に怖かったな。それで嘘の自白をしてしまった。俺だけじゃない、みんなそうだよ。でも、袴田さんは、当時で年間十九戦も闘っていたボクサーだから、相手とじっと向き合う。だから、精神を壊してしまった。ほかの死刑囚の冤罪被害者で精神をおかしくなった人はいないでしょう。袴田さんこそ根性の人だよ。

尾﨑　お姉さんが本当に支えてくれてますね。日野町事件の家族や名張毒ぶどう酒事件の妹さ

2019年3月2日、東京都内の甲南大学東京キャンパスで「冤罪犠牲者の会」が結成された。その総会後の交流会にて。写真右から袴田秀子さん（袴田巖さんの姉）、青木惠子さん（東住吉事件の冤罪犠牲者）、西山美香さん（湖東記念病院事件の冤罪犠牲者）。青木さんと西山さんは和歌山刑務所で一緒の工場で働いていた

んらなど家族が一緒に闘ってくれる人もいれば、一方で再審請求裁判を起こすことで、自分の家族が「殺人犯」や「強盗犯」とだと思われることを恐れて、再審請求人になれないという方もいますよね。

桜井　そこなんだよね。俺はそこを突破しなくてはいけないと思うよ。世間の偏見とか、いろいろあるけど、(再審請求を)やらないほうがおかしいよ。

警察・検察が冤罪をつくる

桜井　ところで、尾﨑さんは、今回本になった「日本の冤罪シリーズ」の記事だけど、どういう経緯で書くことになったの?

尾﨑　二〇一九年の秋ぐらいに、鹿砦社の編集部の方から、月刊誌の『紙の爆弾』で「日本の冤罪シリーズ」というのを始めるので執筆してみないといわれて、始めたんですね。「書けるかな」と思いながら。最初は関西の冤罪事件をいくつか書ければ位に考えてましたが、いろんな事件を知れば知るほど、もっと書きたくなり、結局十六本の事件を書きました。

桜井　どういう感じで取材したの?

尾﨑　桜井さんにも何人も紹介されましたが、冤罪被害にあった当事者からお話を聞くこともありますし、弁護士、支援者、ご家族などからもお話を伺いました。裁判資料、判決文などももちろん読み込みました。

桜井　冤罪事件を取材し記事にして、どんなことを考えた？

尾﨑　そうですね。先ほど話したように、警察、検察が証拠を隠したり、捏造したりすることにいちばん驚きましたね。それも非常に手が込んでいる。しかも、のちにそれがわかっても、罰せられることはない。公務員が税金使って、無実の人を犯人に仕立て、何年も獄中につなぎ、間違っていたとわかっても「ごめんなさい」も言えない。事件に関わった警察官、検察官はどう思うんだろうと。あと意外なことに、冤罪被害にあった方の中で、自分が冤罪という被害にあったとわからない人も少なくないことにも驚きました。滋賀県バラバラ殺害事件の杠《ゆずりは》さんなんかも、最初何がおこったかわからない状態だったようですが、そういう人が、「俺の事件も冤罪なのか？」ということを知る人も多いということにも驚きました。

桜井　みんなそうだよ。さっきも言ったように、誰もまず警察が悪いことするなんて思ってもいないから。だからもっと警察や検察が冤罪をつくるということを多くの人に知らせないといけないよね。

尾﨑　本当ですね。そのための一冊になればと、記事はなるべくわかりやすく、書いたのです。あと、いろいろな事件を取材して感じたのは、「おいおい、この人犯人じゃないとわかるだろう」という場面が多々ありますね。神戸質店事件では、緒方さんが偶然立ち寄った質店で、初対面の質店店主から奥の間でビールをごちそうになる。で、緒方さんが去ったあとに、質店店主が何者かに殺害される。二年後に緒方さんが逮捕されます。その間、緒方さんは反則金を払わなければいけなかったのにほったらかしにして逮捕されますが、その際採られた指紋が二年前質店に残されたものと一致したのですね。質店店主はめった打ちで殺害されてるのに、そんな凶悪な事件を起こして逃げている人が、わずかな交通違反の反則金を払わないなんていうことありますか？　タバコの吸い殻置いてきますか？

桜井　でもそれは傍証だから。そういう傍証のストーリーはどの事件にも少なからずあるんだよ。でも証拠が残っている。例えば緒方さんの場合、現場に指紋が証拠として残っていた。そしてそれが緒方さんのものと一致した。これが決定的になってくる。

尾﨑　なのに、その一番重要な証拠を検察はすべて出してこない。

桜井　日本の司法界は本当におかしいんだよ。検察が見れる証拠を、なぜ弁護士が見られないのか。再審法を改正して早急に全ての証拠は弁護士も見れるようにしたら、たぶん半分以上の再審請求人は無罪になると思うよ。日野町事件、袴田事件では、この証拠の隠ぺい、捏造が問題になった。だから、法務省とか検察庁は相当焦ってると思うよ。焦ってるなんてもんじゃないだろうね。もう抑えようがない。

尾﨑　そうですね。これまで再審法が七十年以上も変わらなかったことが大問題ですね。

桜井　そうだね。じつは戦後、刑事訴訟法を変えた時に、再審法も変えようとしたが、もう時間がないからということで、将来社会が落ち着いたら変えようということになった。その後、社会は落ち着いてきたのだから、再審法を変えればいいんだが、その間に、検察が冤罪をいっぱいつくったから、再審法の改正を必死で妨害しているんだよ。

再審法の改正を！

尾﨑　今回は、あちこちで再審開始が決定される動きのなかで、再審法改正はいかがでしょうか？

桜井　そうだな、国会議員がまず少しは目覚めるでしょう。日野町事件で再審無罪が確定したら、「こんなんですよ。警察が証拠の写真を入れ替えてるんですよ」と言える。袴田さんの事件では「警察は大事な証拠を捏造するんですよ」と言える。そうすりゃ、いくらばかな議員でも「それはちょっとおかしい」となるでしょう。

尾﨑　本当にそうですね。再審法改正について、桜井さんのお考えをお聞かせください。どこをどう変えていくべきとお考えですか？

桜井　再審法改正の問題、これは簡単です。まずは、再審請求に対する手順と手続きの法制化、証拠の全面開示、それともう一つ大切なのは、検察官の持つ抵抗権のはく奪、この三つだけだね。

尾﨑　以前、桜井さんが台湾に招待されたときの話の中で、台湾の再審法などが改正された経緯を話してくださいました。
桜井　台湾はすごいね。なぜそういう動きになったかというと、ある事件があってね。被疑者が現場検証にいったとき、橋から飛び降りて自殺したんだよ。もちろん冤罪だった人が。そしてそのあとにすぐ真犯人が逮捕された。日本は、そうなっても逮捕しない。無視だよ。足利事件だって、菅谷さんが無罪とわかっても、真犯人を野放しにしてるだろう。でも台湾はちゃんと逮捕するんだよ。それで、これはえらいことだとなった、これ以上冤罪をつくらないために法律を変えなくてはとなって、その後、少しづつ変わってきた。偉いよ、台湾は。やっぱり国民の意識が違うよ。
尾崎　国民性が違うんでしょうね。日本の場合、長いものにまかれろ。強いものに文句が言えない。
桜井　日本の場合、原発だって、十二年前にあんな大きな事故があったのに、今これを許しているのは国民じゃん。
尾崎　確かにそうですね。一方、台湾はすべての原発を止めようという動きになっている。
桜井　コロナの対応もそう。すべてについて、日本は情けない。冤罪に関しては、時の流れのなかで、どんどん冤罪が明らかになった。途中、ちょっと停滞したけど、日野町、袴田、そして大崎事件が勝てば、ガラッと日本の司法も変わりますよ。変えざるをえなくなる。俺は期待してるよ。それまでに馬鹿な国民を説得しないと（笑）。愚民ですよ、愚民。俺は、愚民の皆さんに怒られても構わない、俺はもうじき死ぬんだから。

尾﨑　そんなこと言わないでください。獄中にいる多くの冤罪犠牲者の方々が、早く外に出て桜井さんに会いたいと思っています。面会に来てほしい、言葉をかけてほしいと思ってますよ。最後になりましたが、私も傍聴しましたが、一昨年八月二七日、東京高裁で審議されていた布川事件の国賠訴訟で、完全勝利しました。県警の取り調べの違法性を認めた一審判決を維持し、加えて検察の取り調べの違法性も認めた完全勝訴でした。ブログで桜井さんは「勝ちの確信は揺るがない。どのような判決内容になるか、それだけが問題だと思っている。さあ、今日も楽しまなくては！」と書いてました。

桜井　判決を読み上げる裁判長の話を聞いてて、自分が体験した警察での取り調べや、検察官が俺に対して行った行為や言った言葉がそのまま入っていて、「ああ、やっと裁判所で認めて貰えた」と思ったね。そんな喜びと同時に安堵を感じていたね。「そう！これが俺の体験した事実なんだよ」と。「やっと認めて貰えたよ」と、感慨深いものがあったね。心晴れやかとは、こんな気持ちだと思いながら、判決文を聞いていたね。でも、再審法改正とか、闘いはまだまだ続くからね。

尾﨑　そうですね。これからも、あまり無理せずに、冤罪をなくすために闘ってくださいね。今日はどうもありがとうございました。

［二〇二三年二月二十八日　大阪・大国町にて］

日本の冤罪

湖東記念病院事件

殺害方法を教え、犯人に仕立てた滋賀県警

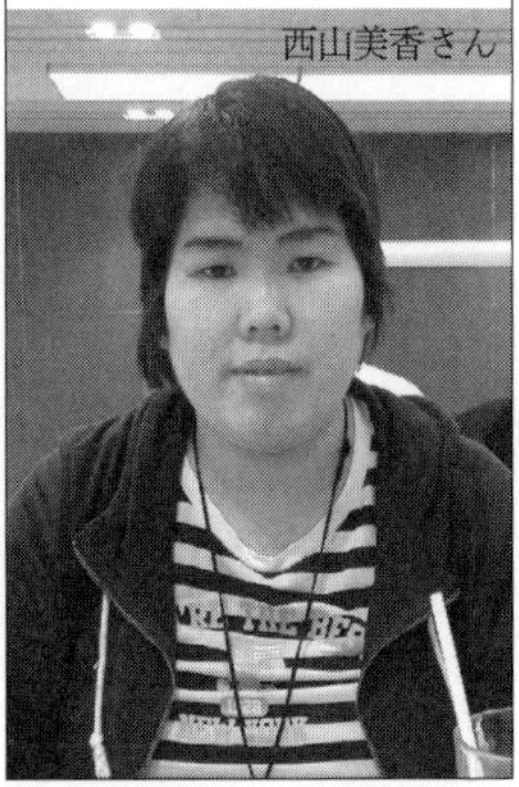

西山美香さん

二〇〇三年に滋賀県湖東町（現東近江市）の「湖東記念病院」で男性患者が亡くなったことで、殺人罪で逮捕・起訴され、懲役十二年の有罪判決を受け、服役した西山美香さんの再審が、まもなく始まる。（※本稿は再審前に書かれた。）

呼吸器で生きながらえていた患者の死亡は、呼吸器の管が外れたのに気づかず窒息死させた「業務上過失致死容疑」として滋賀県警が捜査を開始、当直のA看護師と看護助手の美香さんが取り調べられた。

捜査は、管が外れる際に鳴るはずのアラーム音を聞いた者がおらず難航していたが、翌年再開した捜査で、滋賀県警の山本誠刑事が美香さんに「故意に管を抜いた」と「自白」させ逮捕・

起訴した。美香さんは二回目の公判で否認したが認められず、〇七年、最高裁で懲役十二年の実刑判決が確定した。

服役中の一二年に始まった第二次再審請求は、一五年、大津地裁で棄却されたが、美香さんが満期出所した一七年の暮れ、大阪高裁（後藤真理子裁判長、当時）は、死因は致死的不整脈だった可能性を排除できないことと、美香さんが「うその自白」を誘導された可能性を認定し二〇一七年十二月二十日、再審開始を決定した。その後大阪高検は特別抗告を申し立てたが、二〇一九年三月二十日に最高裁で棄却され、再審開始が決定した。

当初より呼吸器の不具合や自然死の可能性も考えられた案件を、滋賀県警はなぜ殺人事件にまで仕立てることができたのか？　しかも起訴時には「複数の老人患者の殺害を目論んだ計画的犯行」とまでされていたのだ。無実の美香さんを陥れ、貴重な二十〜三十代を獄中に繋がせた元凶は何か。美香さんに「自白」を強いた山本誠刑事と、組織ぐるみで後押しした滋賀県警が何をやってきたのか。

以下、検証する。

「事故」「自然死」から「殺人事件」へ

二〇〇三年五月二十二日の早朝、湖東記念病院に入院中の男性患者（当時七十二歳）が心肺停止状態で発見され、その後死亡が確認された。当日、美香さんと同じ当直勤務で責任者だったA看護師は、病院に「(呼吸器の)管が外れていた」と報告。それは、患者の痰の吸引を怠っていたことを咎められると思ったA看護師が、咄嗟についた嘘だったと思われる。

病院側は呼吸器の不備と説明したが、遺族は納得せず、滋賀県警愛知川《えちがわ》署の捜査が始まった。しかし、管が外れていた際に鳴るはずのアラーム音を聞いた者が誰もいない……。捜査が難航する中、亡くなった患者や遺族のことを考え、美香さんは精神科へ通うまでに追い詰められた。

湖東記念病院を辞め、別の病院に勤務していた美香さんに、山本刑事から呼び出しの電話がきたのは、翌年五月のことだ。

「俺は愛知川署とは違って、滋賀県警本部から来ているから、甘く見てもらっては困るぞ」

パンチパーマで強面の山本刑事は開口一番そう凄んだという。「鳴っていない」と言い続ける美香さんの前の机に、死亡した患者の写真を何枚も並べ、「この写真を見ても何とも思わないのか!」などと怒鳴ったり、机を叩いたり、美香さんが座っていたパイプ椅子を蹴ったりした。山本刑事の恐ろしい取り調べから逃れたい一心で、美香さんは「鳴っていた」と嘘の供述をしてしまう。そのとたん、山本刑事は優しくなったという。

同じ頃、「アラーム音を聞いていない」と供述するA看護師に対しても、「アラーム音を聞き逃した」との追及がきつくなっていると、美香さんは耳にした。自身の嘘の供述のせいだと心配し、美香さんは供述を撤回したいと山本刑事に頼みこんだ。しかし聞いてはもらえなかった。そうした刑事とのやりとりや不安を、美香さんは同居する家族にも相談しなかった。「取り調べのことを家族にも言うな。ちゃんとした取り調べができないから」と山本刑事に言われていたからだ。「それでも嘘はつけない」。そう考えた美香さんは、六月二十三日深夜二時三〇分に愛知川署を訪れ、山本刑事への手紙を預けてきた。それでも撤回はかなわなかった。

一方で、当時、すでに美香さんは山本刑事に「好意」を抱くようになっていた。ずっと抱えていた優秀な二人の兄へのコンプレックスの話も、山本刑事は親身に聞いてくれ、「あなたにもお兄ちゃん同様に賢いところがある」と優しい言葉で応えてくれたりしたからだ。それが信頼感を生むきっかけになり、互いの携帯電話の番号も教えあった。美香さんの警察への出頭日数は、五月は六回、六月には十七回だが、六月のうち六回は警察からの呼び出しがないのに、自ら「出頭」したものだ。警察への出頭や、捜査への協力が、いかに山本刑事に会いたい一心からきていたかがよくわかる。

昔から友達を作るのが不得手だった美香さんは、食事を奢って親しくしてもらおうと、親の財布から金をくすねたことや、すぐバレる嘘をつき、人の関心を集めることもあったという。そんな美香さんが、好意を寄せた山本刑事の言うがままに「自白」していくことは、容易に想像できる。問題なのは、滋賀県警と山本刑事が、いつ、どの状況から、美香さんの思いを利用しようとしたかだ。

七月二日の午前中、美香さんは精神科を受診している。ただし、受診したカルテはあるが、美香さんにはその記憶が全くない。精神科で正常に物事を判断できる状態ではない「不安神経症」(うつ状態)と診断された美香さんは、そのまま警察署を訪れ、山本刑事の取り調べに、「故意に管を抜いた」と、再び嘘の供述をしてしまったのだ。

七月六日、逮捕されたこの日のことを、美香さんは鮮明に覚えていた。

「いつもと違って署内がざわついていた。午前中は事件の話はあまりなくて、昼ご飯に外に出る時、『一時までに戻って。お母さんと一緒に食べて』と言われた。午後からは少し事件の話をした。山本刑事が新米刑事に、私の夕食を買いに行かせ、私に『パンにする? ご飯にする?』と聞くので、『夕飯は家に帰って家族と食べるのに、なぜ?』と思っていた。三時半頃、署内がざわざわしてきて、四時半頃、山本刑事とは別の刑事から『これが逮捕状や』と見せられた。『逮捕って何?』『逮捕して取り調べないと駄目なんや』『毎日来ているじゃないか。これでは駄目なの?』『お前は最初、業務上過失致死容疑だったが、自分で殺したと言ったからだ』と言われた」。

そして美香さんは殺人罪で逮捕された。

美香さんは、その後行なわれた精神鑑定で、ある出来事と関連して起きる出来事を予想する判断力が特に弱いという結果が出ている。シングルマザーで働くA看護師が逮捕されたら困ると思い、「管を外した」と供述したが、「管を外した」がイコール「殺人」になるとは夢にも思っていなかったのだ。

美香さんを追い詰める滋賀県警と山本刑事

では、なぜ、美香さんは嘘の供述をしたのか？　それについて弁護団長の井戸謙一弁護士は、美香さんのA看護師に対する罪悪感や、アラーム音についての供述を撤回させてもらえないことから、仕方なく供述してしまったのではないかと述べている。

さらに、美香さんは山本刑事を好きになったが、当時、A看護師の「アラーム音を聞いていない」と、美香さんの「聞いた」が矛盾したため、捜査が膠着して、山本刑事に呼び出されなくなったため、新しいことを言えば、山本刑事が自分に関心を向けてくれるのではと考えたからではないかとも述べている。

大津署に移送されて以降、滋賀県警と山本刑事は、美香さんの嘘の「自白」を維持させ、起訴に追い込むために、さらに包囲網を狭めていく。

逮捕された際、両親が「美香がそんなことをするはずがない」と抗議したにもかかわらず、山本刑事は「お前の両親は副署長に『迷惑かけた』と土下座した。両親も警察を信用していると言っていた」と伝えたり、「上司が毎日両親に会いに行っている。両親も警察にお願いすると言っているのに、お前がそんなことでいいのか」などと、嘘で騙した。美香さんも「両親が警察を信用しているなら、私もちゃんとしないといけないと思ってしまった」と思ったと言う。

また、山本刑事は上司の元に美香さんを連れて行き、上司に「山本の言うことを聞いていればいいんだ」と言わせたり、逆に毎日接見に来る弁護士については、「起訴前に毎日接見に来る弁護士はおかしい」と言い、美香さんを外部から遮断させ、山本刑事と滋賀県警にすがるしかない状況に追い込んだ。さらに美香さんを懐柔するため、「殺人でも死刑から無罪まである。執行猶予が付くこともあるし、保釈が付くこともある」「ワシに全部任せていたら大丈夫」などというありもしない話を平気で告げ、あの手この手で美香さんを手なづけ、躍起になって起訴に追い込んだ。

「殺害方法」を美香さんに教えた山本刑事

嘘の自白を強要した「殺人事件」を、滋賀県警と山本刑事はどうやって起訴まで漕ぎ着かせたか。何度も変遷する逮捕後の美香さんの自白から、滋賀県警と山本刑事が見立てたストーリーに合わせて、美香さんの自白が〝作文〟された可能性が出てきた。書いたのは、もちろん山本刑事だ。

逮捕前の七月二日の「自白」では、「管を外して病室を出た。アラームは一〇分程度鳴り続け、

A看護師が消した。動機は、A看護師が寝ていたので腹が立って」という「偶発的な犯行」だった。しかし五日には「管を外して病室を出た。アラームが鳴っていたので、病室に戻り、管をつないで戻った」に変わった。そして美香さんの逮捕後、A看護師が、「アラームは絶対鳴っていない」「自分は居眠りをしていない」と供述すると、十日の美香さんの「自白」も「アラームは鳴っていない」に再び戻る。では「管を外したのに、なぜアラームが鳴らないのか?」という最大の難問を、滋賀県警と山本刑事はどうクリアしたか。実は滋賀県警は十日、人工呼吸器の実況見分を行なっているが、そこで、人工呼吸器の各種機能の中の「消音状態維持機能」を把握した可能性がある。

その後、美香さんの自白は、消音ボタンを押してから六〇秒が経つまでにもう一度消音ボタンを押すと、消音状態が継続するという人工呼吸器の機能を使って、アラームを鳴らさないまま人工呼吸器の管を外し続け、患者を殺害したというものに変転した。この時点から、美香さんの犯行は、一週間前から計画していた「計画的犯行」となり、ほかの老人患者も殺そうとした連続殺人という「凶悪事件」に変貌していく。

美香さんの最終的な自白内容では、犯行の動機は病院に対する恨みを晴らすことで、出勤前から人工呼吸器の管を抜いて患者を殺害することを決めていた、とある。具体的には、「廊下との間のカーテンを閉めず、ベッドの枕灯も点いたまま、素手で患者の呼吸器の管を抜いた。

アラームがピッと鳴ったので、消音ボタンを押して音を消した。頭で数を数え、一分(六〇秒)経過前にまた押した。患者がハグハグと苦しそうにしていた。二回~三回で死んだので、管をつなぎ、点灯ランプを消しナースステーションに戻った」と書かれている。

七月二十七日の起訴後も山本刑事は、美香さんに十一回も接触し、自白の維持を図ってきた。取り調べの名目は、前述の、ほかの老人患者を殺害しようとした連続殺人の捜査だった。しかし、実際にはそのような「事実」がないため、取り調べようがない。

そこで山本刑事は、美香さんに手記や検事への手紙を多数書かせた。内容は「両親や弁護士が説得するので気持ちが揺れている。万が一裁判で殺害を否認しても、私の本意ではない」や「殺意を認めるか否か迷いがある。認めようと思う」などだ。

この間、美香さんは両親や弁護士から「やってもいないならちゃんと否認しなければ」とさんざん言われたため、どう言おうか悩んでいた。

公判の第一回期日が近づくにつれ、美香さんの動揺は激しくなった。そんな美香さんの気持ちを見抜くように、山本刑事は滋賀刑務所にまで美香さんを訪ねている。初公判三日前のことだ。そこで山本刑事は美香さんに、「罪状認否で否認しても、それは私の本当の気持ちではありません」という検事宛の上申書を書かせた。さらに嘘をつかされ、動揺した美香さんは、初公判で罪状認否を留保せざるを得なかった。

盛りすぎた山本刑事の嘘

実は、美香さんは、服役中の和歌山刑務所で受けた精神鑑定で、軽度の知的障害と発達障害があると診断された。二〇一九年五月三十日付の中日新聞に、美香さんは六〇までの数字を数えることができないとの記事が掲載された。美香さんは「私の頭の中では二〇までしか数えられません。調書に書かれたように、（六〇数えてと）絶対自分からは、言っていません。裁判でもきちんと言います」と話している。

美香さんは、それまでこの事実を隠してきたが、弁護団と話し合い、公表を決意した。「私は…」から始まる調書とは、本来、被疑者（美香さん）が話した内容を、担当刑事が文書に作成したものだ。美香さんが六〇を数えることができないなら、前出の「頭で数を数え、一分（六〇秒）経過前にまた押した」との美香さんの自白は、山本刑事が勝手に作文したことになる。「これは誘導どころの話ではない。明白な違法性がある」と井戸弁護士は強く批判している。

さらに井戸弁護士は「山本刑事の作成した調書は全編劇画チックですよ」と指摘し、一例として「壁のほうには、追いやった呼吸器の消音ボタン横の赤色のランプが、チカチカチカチカとせわしなく点滅しているのがわかりました。あれがTさんの心臓の鼓動を表す最後の灯だったのかもしれません」との一文を挙げた。こんなセリフじみたことを美香さんが口にするだろうか？

有罪認定された一審判決では、美香さんの自白について「現場にいた人でなければ語れない迫真性に富む」として、「口をハグハグ」「目をギョロギョロ」などの表現を挙げている。これに対して弁護団は、亡くなった患者は大脳が壊死しており、苦しみを感じないから、「口をハグハグ」「目をギョロギョロ」することは、医学的にはあり得ないと反論している。山本刑事の盛りすぎた調書が、逆に墓穴を掘ることになってしまったようだ。

それにしても、専門知識も持たない看護助手でしかない美香さんが、看護師らが誰一人知らないアラームの消音状態維持機能を知っており、なおかつそれを確実に実行したという「自白」は、あまりに無理があるように思えるが、これを警察・検察はもとより、裁判官、裁判員も信じ実刑判決を下したとは……こちらの「罪」も相当重い。

有罪判決は、好意をもった刑事に言われるがままに「自白」した美香さんに非があるように思われがちだが、悪質極まりないのは「好意を持たれた」ことや、騙されやすい美香さんの性格を巧みに利用し、「殺人犯」に仕立て、手柄を得ようとした山本刑事と滋賀県警の方だ。ちなみに山本刑事は、取調室で美香さんにシャトレーゼのショートケーキと飲み物（Q００のオレンジ）を差し入れたり、美香さんが山本刑事の手の上に自分の手を重ねた際も、それを拒否してはいない。

美香さんの逮捕から十一カ月後の〇五年六月には、窃盗容疑で取り調べを受けた男性が、パンチパーマの刑事にいきなり足を蹴られ、胸ぐらを掴んで脅され、怖くて「自白」し逮捕されたと告白している。パンチパーマの刑事とは山本刑事だ。美香さんの第一次再審では、弁護側がその男性の陳述書を法廷に提出した。

そんな山本刑事が無実の人を殺人犯に仕立てておいて、出世するとは、とんでもない話だ。

滋賀県警と山本刑事は刑事責任をきちんととり、美香さんに謝罪せよ。検察、裁判所も目を覚ませ。

そして、一日も早く西山美香さんに無罪判決を！

美香さん、再審無罪判決がでた

なお、第二次再審請求審の申し立てで、大津地裁は一五年九月に請求棄却の不当決定を下したが、一七年十二月二十日、大阪高裁（後藤真理子裁判長、当時）は、西山さんの訴えを認め、大津地裁の不当決定を破棄し、再審開始を決定した。二〇一九年三月十八日、最高裁第二小法廷も、検察官の特別抗告を棄却し、再審開始を確定。翌二〇二〇年三月三十一日、大津地裁（大西直樹裁判長）で再審裁判の判決があり、無罪判決が言い渡された。その後、検察が上訴権を放棄し、美香さんの無罪が確定した。

湖東記念病院事件㊌

再審無罪の西山美香さんに警察・検察の違法な追い打ち

二〇〇三年に滋賀県湖東町で起きた「湖東記念病院冤罪事件」で、殺人罪で服役後に再審無罪が確定した元看護助手の西山美香さんは、国と県に対し二〇二〇年十二月国家賠償請求を提訴した。しかし、国と県を訴えた国家賠償請求訴訟において、県（滋賀県警察本部）は「被害者を心肺停止状態にさせたのは、原告である」と美香さんを犯人視する内容の準備書面を提出してきた。

再審無罪判決後の国賠訴訟は、原告が無罪であることを前提に、被告（国・県）が捜査や取り調べ、起訴に違法な点や過失がなかったと主張した場合にその事実を争うものだ。にもかかわらず、原告をいまだに犯人視するとは前代未聞のことだ。

弁護団らの強い抗議で県の主張は撤回されたが、そこには県の本音が表れていたといえよう。植物状態にあった患者の死亡は、通常「病死」とされるところ、第一発見者のA看護師が「人工呼吸器の管が外れていた」と嘘をついたことから、業務上過失致死事件として捜査が始まり、殺人罪の容疑で美香さんが逮捕された。その後、彼女の供述が嘘だったこと、それを前提とした鑑定書に信用性がないことなどが判明。それでも捜査方針を変えず、美香さんを有罪に追い込んだのが、滋賀県警、山本誠刑事だ。

これまでも多くの冤罪を生み出してきた滋賀県警は、いったい何を考えているのか？

逮捕から服役、再審無罪。そして国賠訴訟へ

二〇〇三年五月、滋賀県の湖東記念病院で、植物状態に陥り人工呼吸器で命をつないでいた男性患者Tさん（当時七十二歳）が死亡した。その際、担当のA看護師が「（人工呼吸器の）管が外れていた」と事実と異なることを言い、それを警察から聞いた鑑定医は「管の外れ等に基づく酸素供給欠乏」（窒息死）との鑑定書を作成した。そして滋賀県警は、管が外れた際に鳴るアラーム音に看護師らが速やかに気づき対応すればTさんは死亡しなかったと判断し、業務上過失致死罪を視野に入れ捜査を始めた。

しかし、A看護師も美香さんも、アラーム音を聞いたことを否定した。

一年後、美香さんを取り調べた滋賀県警の山本誠刑事は、取調室で机の脚を蹴ったり、怒鳴るなどして美香さんを恐怖に陥れ、美香さんに「アラーム音を聞いた」との嘘の供述を強いた。一方で、山本刑事は美香さんの身の上話を親身に聞くなどし、友達の少なかった美香さんの気を引き、好意を抱かせマインドコントロール下においた。警察の見立てに沿った嘘の供述を取るためだ（美香さんは、服役中に弁護団らが行なった精神鑑定で軽度の知的障害と発達障害があることが判明、迎合しやすい傾向があることがわかっている）。

その後の捜査で、実際にはアラームが鳴っていなかったことが判明、美香さんの供述は、再び変更を余儀なくされた。臨床工学技士から、管を外してもアラームが鳴らない「消音状態維持機能」があることを聞き出した警察は、看護師すら誰も知らないその機能を、看護助手の美香さんが使って患者を殺害したという信じがたい調書を作成した。これによって大津地検は美香さんを殺人罪で起訴した。

美香さんは、刑事裁判の第二回期日で否認したが、〇五年十一月二十九日、大津地裁・長井秀典裁判長は懲役十二年の実刑判決を下し、大阪高裁・若原正樹裁判長が控訴を棄却、さらに〇七年、最高裁第一小法廷の泉徳治裁判長が上告を棄却して刑が確定、美香さんは和歌山刑務所に服役した。

一〇年に美香さんが申し立てた第一次再審請求は棄却されたが、一二年の第二次再審請求は、大津地裁で棄却されたものの、大阪高裁・後藤眞理子裁判長（当時）が再審開始を決定、最高裁第二小法廷・菅野博之裁判長は、検察官の特別抗告を棄却し、再審開始が確定した。

再審で有罪立証すると宣言した検察官は、その後「有罪立証は行なわない」との方針に転じ、二〇年三月三十一日、再審無罪判決が言い渡された。

国賠訴訟で続く滋賀県警の悪あがき

以下、国賠訴訟に提出された資料から、滋賀県警の捜査や取り調べにどのような違法・過失があったかを検証する。あまりに多いため、紹介するのは一部であることをお断りしておく。

大津地裁に入廷する美香さんと弁護団

①アラーム音を聞いたことを認めた美香さんは、それによってA看護師に対する取り調べが厳しくなり、A看護師がノイローゼになったと聞いた。A看護師はシングルマザーだったこともあり、美香さんはA看護師に申し訳ないと思い、山本氏に「アラーム音を聞いていない」と訴えて、聞いた旨の供述の撤回を懇願したが拒否された。

追い詰められた美香さんは、A看護師に迷惑をかけられないと思い、精神的に不安定になり、山本刑事に対し「自分が管を抜いた」と言ってしまった。業務上過失致死事件は一躍殺人事件となり、美香さんは殺人罪で逮捕された。

その後、警察が捜査しても、早朝の病棟で鳴り響いたはずのアラーム音を聞いた人が一人も現れなかった。警察は、アラーム音は鳴っていなかったと認識を変えた。

そうすると、管を外しながらアラームが鳴らなかったのはなぜかという問題が生じる。警察は、捜査によって人工呼吸器に消音状態維持機能があることを把握し、山本刑事は、美香さんがその機能を使ってTさんを殺害した旨の自白調書を作成した。当時、美香さんは、山本刑事に好意を抱いており、そのことを知っていた山本刑事は、美香さんの恋心を利用して、美香さんを一種のマインドコントロール状態に置き、思うがままの自白調書を作成していった。

さらに山本刑事は美香さんの弁護人を誹謗し、美香さんの弁護人に対する信頼を棄損した。接見禁止決定によって家族との面会もできなかった美香さんは、全面的に滋賀県警、山本刑事に依存することになってしまった。

②滋賀県警は、起訴後も美香さんをマインドコントロール下に置く手を緩めず、山本刑事を美香さんのもとに行かせ頻繁に取り調べをさせた。その回数は十四回にも及び、取り調べが一日九時間〜十時間続けられた日もあった。

山本刑事は、その取り調べにおいて、美香さんが、公判で起訴事実を認めるか、否認するのかを探った。そして否認しそうだと思うと、担当検事宛の手紙を書かせた。その文面は「両親や弁護士が否認を勧めるので迷っているが、自分がTさんを殺したことは間違いないから公判では事実を認める。もし公判で否認したとしてもそれは自分の本当の気持ちではない」といった内容である。この種の手紙を書かせた回数は都合五回。最後に書かせたのは、なんと第一回公判期日の三日前であった。

山本刑事は、なぜこんな手紙を書かせたのか。美香さんに、公判で否認することを断念させるためだったとしか考えられない。

最高裁は、「起訴後の取り調べは、原告の当事者たる地位に鑑み、なるべく避けなければならない」と判示しているが、滋賀県警と山本刑事は、この判例に反する行為を続け、美香さんを追い詰めていった。

そのため、美香さんは第一回公判当日、精神的に不安定との理由で罪状認否を留保せざるを得ず、ようやく否認に転じたのは第二回公判だった。こうした違法行為は、過失ではなく明らかに故意に行なわれたものだ。

③患者Tさんを解剖した滋賀医科大学の西克治教授（法医学）は、鑑定書で死亡理由を「人工呼吸器停止、管の外れ等に基づく酸素供給欠乏が一義的原因と判断される」とした。解剖前に

警察に「人工呼吸器の管が外れていた」との説明を受けていたためである。

しかし、〇四年三月二日、山本刑事が西教授から電話で、「管の外れのほか、管内での痰の詰まりにより、酸素供給低下状態で心臓停止したことも十分に考えられる」と聞き取っていたことがわかった（同日付犯罪捜査報告書。以下、「山本捜査報告書」）。早くから死因は痰詰まりではないかとの見方が存在していたのだ。

だが、この重要な「山本捜査報告書」を滋賀県警は、大津地検に送致していなかった。刑事訴訟法では、警察は、犯罪捜査をした場合、速やかに書類および証拠物とともに事件を検察官に送致しなければならないと定められている。検察官が起訴・不起訴を決めるため必要だからであり、警察にとって不都合な証拠を隠蔽すれば、検察官の適正な職務ができないからだ。滋賀県警のこの行為は、明らかな全記録送検義務違反だ。

とりわけ、管が外れていなかったことが判明して以降は（当初は、Tさんの異常発見時に管が外れていたと供述していたA看護師は、後にその供述を翻した。また、美香さんの自白では、Tさんを殺害したあと、管を繋ぎ直したことになっていたから、Tさんの異常発見時、管が外れていたという証拠はなくなっていた）、滋賀県警の捜査も「管が外れていた」事実を前提にした西鑑定に依存することはできなかったはずだ。

それでも山本捜査報告書を地検に送致しなかったのは、滋賀県警が自分の見立てと異なる証拠を故意に送らなかった可能性がある。絶対に見逃せない重大問題だ。

その後も続く滋賀県警の不当な訴訟対応

前述したように、滋賀県警は国賠訴訟が始まってすぐに、美香さんを「犯人視」する主張を行ない、弁護団の強い抗議で撤回したものの、その後も不当な訴訟対応が続いている。

県側は第二準備書面で「看護師らの中で日常的に消音状態維持機能が使われていた」と述べ、だから美香さんの自白には信用性があったと主張した。

これに対して弁護団が「どの証拠に『看護師らの中で日常的に消音状態維持機能が使われていた』との記載があるのか」と説明を求めたところ、県側は、第三準備書面で、当時の看護師三人と臨床工学技士一人の四人の供述調書の内容を指摘してきた。しかし、四人の供述調書にそのような記述はどこにもなかった。

それればかりか県側は、臨床工学技士の供述調書について、前後の脈略に関連がない文章を繋ぎ合わせ、あたかも看護師らが消音状態維持機能を知っていたかのように読める文章を作ってきた。弁護団はこの書面について「裁判官が全ての証拠を読み込まなければ、誤読しかねない詐欺的な内容だ」と強く批判している。滋賀県警は、どこまで悪あがきを続ける気なのか。

以上の滋賀県警による捜査及び国家賠償請求訴訟における対応は、いずれも極めて違法・不当なものである。

検察（国）の捜査段階の違法

検察（国）は、この裁判で捜査・取り調べ・起訴に違法や過失はなかったと主張している。果たして検察官に、違法・過失はなかったのか。

湖東記念病院冤罪事件は、目撃者もなく、呼吸器の管に付着した指紋等の物的証拠もない。美香さんの自白以外は、西教授の鑑定書しか証拠が存在しない。しかも、その鑑定書は当初「管が外れていた」ということを事実として前提にしていたため、「管が外れていた」との証拠がなくなった段階では、信用性が乏しいものとなっていた。

そうしたなかで、検察官が美香さんの起訴・不起訴を決定するには、鑑定書以外に、美香さんの自白の信用性・任意性の判断が極めて重要であった。美香さんの供述内容は何度も変遷していたことから、信用性に疑問があることは、検察官も十分わかっていたはずだ。だから検察官は、美香さんが消音状態維持機能の使用を習得した経

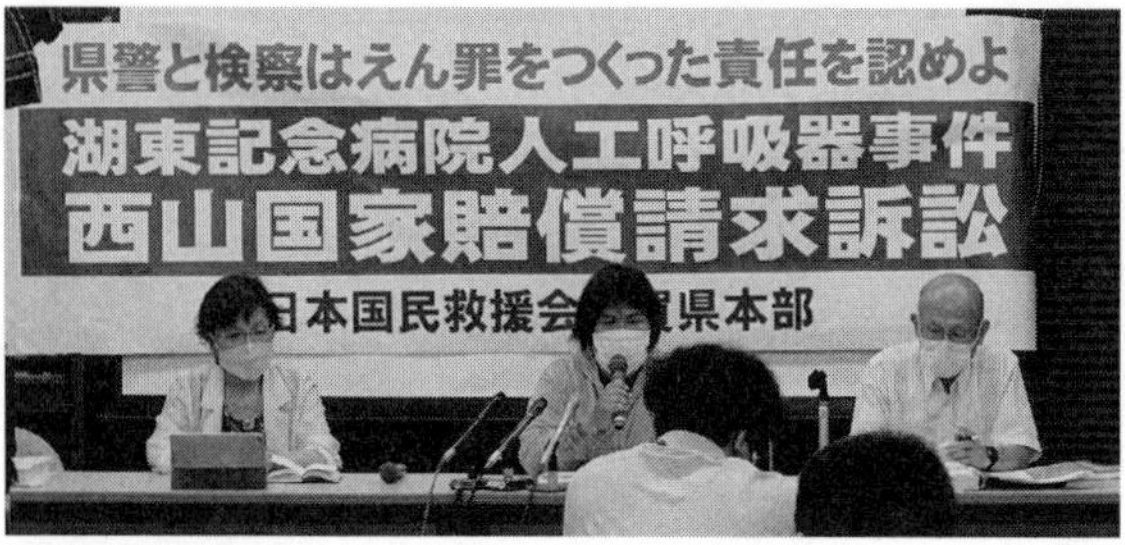

期日後の報告会

緯について、合理性のない警察官調書とは内容の異なる調書を作成した。

検察官の調書では、美香さんは「消音状態維持機能は知らなかったが、管を外し『ピッ』と鳴ったアラーム音を消音ボタンを押して消し、一秒、二秒、三秒と数え、六〇秒になる前に消音ボタンを押したら、六〇秒経過後も消音状態が続いたので、消音状態維持機能を把握した」とされていた。しかし、消音状態維持機能を使う意思がなかった（知らなかった）のであれば、消音ボタンを押した後、一秒、二秒、三秒と数える理由がないではないか。この点は、再審開始決定を下した大阪高裁が指摘したものであるが、このように検察官の調書の内容は、極めて不合理なのである。

検察官はさらに、美香さんの自白には任意性がないことも知っていたはずだ。美香さんの調書には山本刑事について「私のことでこんなに真剣になってくれる人は初めてでした。刑事さん、私を見捨てないでください」等と、山本刑事に恋愛感情や信頼感をうかがわせる記載が多数あり、山本刑事と美香さんの異様な関係を知っていたはずである。

検察官は、このような取調官と被疑者の特殊な関係が虚偽自白の温床になると知りながら、滋賀県警に山本刑事を美香さんの担当から外させるなど問題を是正させることもなかった。前記の山本刑事による起訴後の違法取り調べも、検察官は許可している。警察の違法に追随した検察官にも、同様の責任がある。

検察官は、自白以外の唯一の証拠である西鑑定書の信用性についても、十分な検討・評価をすべきであったが行なっていなかった。故に、検察官の起訴は、職務上の注意義務に違反しており違法であった。

検察官（国）については、ここで書ききれない違法・過失があるが、最後に大阪高裁の再審開始決定について、特別抗告をした違法を挙げておきたい。

特別抗告理由は、憲法違反・判例違反などに限られているのに、検察官は事実誤認を主張し、証拠調べを行なわない最高裁に対し、証拠調べ請求までしたのである。しかし、最高裁からは三下り半で棄却され、検察官の特別抗告は、美香さんの雪冤を一年三カ月遅らせる効果しかもたらさなかった。

現在、再審法改正運動の中で、再審開始決定に対する検察官の不服申し立ての禁止が挙げられている。検察官は、再審公判において有罪立証ができるのだから、再審開始決定に対する不服申し立て権を認める必要はない。

それにしても、滋賀県警（県）の、西山国賠訴訟での異常ともいえる行為は何のためなのだろうか？　滋賀県警は「日野町事件」（九六頁）、「滋賀バラバラ殺人事件」（一五六頁）など、多数の冤罪事件を作っている。前者の事件の再審では、滋賀県警が「引き当て捜査」（事件に関係する場所に被疑者と捜査官が行き、写真を撮影したりする捜査活動）で撮影した写真で、往路と復路を入れ替えるという卑劣な行為を行なったことが判明、後者の事件では、被疑者が一貫して否認しているにもかかわらず、いつ、どこで、どう殺されたかわからないまま、懲役二五年の刑が下された。滋賀県警は、こうした過ちを猛省し、西山国賠訴訟に真摯に取り組むべきだ。

東住吉事件

青木さんを殺人犯にした凄まじい差別と偏見

青木惠子さん

一九九五年七月二十二日、大阪市東住吉区の青木惠子さんの自宅で火災が発生し、入浴中の長女（当時十一歳）が亡くなった。当初自然発火とされていた火災は、その後、青木さんと当時の同居男性（以下、男性）による保険金目的の放火殺人事件とされ、二人は逮捕された。警察の厳しい取り調べに二人はいったん「自白」、その後はそれぞれ否認に転じたが、警察は、二人の「自白」を唯一の直接証拠として起訴し、九九年五月、大阪地裁で無期懲役判決が下され、二〇〇六年に最高裁で確定した。

二〇一二年三月七日、青木さんらが服役中、大阪地裁は青木さんらの再審開始を決定し、仮出所後の二〇一六年八月十日、青木さんと男性に再審無罪判決が言い渡された。青木さんはその後「私のような冤罪犠牲者が再び出てほしくない。そのためには、なぜこのような誤判や冤罪が生じたのか、警察や検察の捜査はなぜ誤ったのか、その責任を明らかにしてほしい」と、国と大阪府を相手取り、国家賠償訴訟を提訴した。

冤罪は、警察・検察が被疑者に暴力や嘘を用いた違法な取り調べで嘘の自白を強要したり、被疑者に有利な証拠を、警察・検察が隠したり捏造し、作られることが多い。しかし桜井昌司さん（布川事件冤罪被害者）の国賠訴訟で、一九年五月七日、茨城県警が取り調べで、桜井さんが事件当日に兄のアパートに泊まったというアリバイを兄が否定していると嘘を告げたり、現場付近で「桜井さんを見た」との目撃証言で「自白」を迫ったことなどに「偽計を用いたもので違法」と厳しく断罪する判決が下された。

青木さんらも違法な取り調べを受け、男性に「車から抜いたガソリンをまいて火をつけて放火した」と嘘の自白を強い、逮捕・起訴に追い込んだ。当初、自然発火とみられた火災が、どのように放火殺人にされたかを検証する。

起訴そのものが間違っていた

国賠訴訟で青木さんは、起訴そのものが違法であると主張した。火災は自然発火の可能性が高いこと、二人を犯人とするには矛盾する事実が多数あったが無視してきたこと、「自白」の信用性や任意性も認められなかったことは起訴前からわかっていた。

一九年九月五日の九回目の口頭弁論で提出された「本件捜査・起訴の違法」と題した原告第七準備書面の解説から、その経緯を見てみよう。

一九九五年七月二十二日、事件当日の青木さんらの事情聴取からは、出火場所は車の給油口付近の床面であったこと、出火場所近辺の床面がガソリンらしきもので濡れていたことが判明していた。男性は、ガソリンは満タンに給油した直後だったこと、給油口の外蓋が開いていたこと、風呂釜種火と給油口の距離は六〇〜九〇センチ程度であったと説明していた。

警察も、風呂釜と軽ワゴン車が六〇センチしか離れておらず、満タンに給油したガソリンタンク付近から火が出ていたことから、風呂釜の種火がガソリンに引火した可能性があると発表、翌朝の毎日新聞は「風呂の火が車のガソリンに引火?」と報じていた。

翌二十三日の実況見分調書には、給油口と風呂釜の距離が九〇センチあり、出火部が給油口付近であったこと、給油口のある車の右側は焼損が激しく、給油口の左右も焼損して赤色の塗装が消えているのに対して、給油口の下だけは赤色の塗装が残っていたと記載されていた。再審無罪判決で「給油口からガソリンが継続的に漏れていたため、その部分が燃えなかったことを示す重要な所見」とされた内容だ。

さらに、給油口の内蓋のつまみが斜めになっていたこと、キャップのシール性が低下していたため、ガソリンが漏れた可能性が高いこと、給油口の外蓋が開いていたことも確認された。

当初はこのように、警察も、風呂釜の種火が車から漏れ出たガソリンに引火した可能性を示唆し、そのように発表していた。そのため、その後の捜査では、①給油口と風呂釜の種火の距離から、ガソリンの揮発性などを考慮したときに引火する可能性があるのか、②夏場に満タンに給油した直後の車の給油口からガソリンが漏出する可能性があるのかの二点を、科学的・客観的に解明しなくてはならなかった（実は車はホンダの軽ワゴンだったが、再審開始を認めた一二年判決後、この車について、ガソリン漏れがあるという情報が各地から寄せられた。青木さんはホンダ（本田技研工業株式会社）との損害賠償請求訴訟も争っていたが、大阪地検、大阪高裁は、「民事上の排斥期間（二〇年）が過ぎた」として訴えを棄却した。

しかしそれ以降、捜査はなぜか放火被疑事件を前提にした強制捜査に変わってきたのである。

なぜ、放火殺人に変わったのか？

七月二十四日の車両の検証で、燃料残量計の針の位置が四分の三強であったことが確認された（これがその後、男性の「約七リットルのガソリンをタンクから抜いて撒いた」という自白につながられていく）。家屋の検証では、洗濯機のホースが挟まって風呂場のドアが完全に閉まらないことが確認された。これは、風呂場外の音が中に聞こえ、長女が自力で逃げ出せる可能性があるため、放火殺人とは矛盾する事実だった。

しかも男性は、全く火傷を負っていない。これもまたガソリンを撒いて火をつけたとする放火とは矛盾する。

青木さんらの保険や財産状況の捜査では、火災保険は青木さんの父親の契約だったが、長女にかけられていた生命保険があったため、生命保険金目的の放火殺人だとされた。しかしこの保険は三年も前から、長男にも平等にかけられていたこと、青木さんには定期預金を含め八十八万円の貯金があり、ローンも遅滞なく支払われていたことも判明していた。しかしこれらは全て無視された。

他方、ガソリンスタンドに聞き込みを行なった警察は、男性に「満タン」と頼まれた店員が、少量ずつ給油し、オートストップ機能で給油をストップしたのち、手動で数字合わせし満タンにしたことを確認していた。これが「ガソリン漏れにつながる継ぎ足し給油」だが、報告書にはなぜか「放火が濃厚」と書かれた。

大阪府警は火災発生直後には、風呂釜の種火がガソリンに引火した可能性があると発表し、翌日の実況見分では、これに沿って多数の情報を得ていたのに、出火原因の捜査を行なわないまま、車への引火の可能性はないと判断、火災から四日後の七月二十六日に「放火」と断定した。

火災が起きた際、青木さんは桶で水をかけた後、すぐに一一九番通報を行っている。そうした青木さんらの消火・救助活動は、消防士や近隣住民などの事情聴取からも多数確認されていた。

消防士らは、現場にかけつけた際、ホースで水をかけていたパンツ姿の男性が「奥にめぐちゃんがいる、助けてやってくれ」と言い、中に入ろうとするのを消防士に止められていたこと、青木さんが「子どもが風呂場にいる。お風呂、お風呂」と説明していたなどと供述していた。しかしこれらの事実は警察・検察の考えるストーリーと矛盾するため、裁判で証拠として提出されないばかりか、男性がホースで消火していた事実は検面調書で隠蔽された。

複数の近隣住民の「男の人の声で『火事や』という叫び声が聞こえ、すぐに窓を開けたらパンツ姿の男がいた」や、青木さんが「大声ではなかったが悲しそうな声で『子どもが中にいてる』と助けてくれとばかりにひとこと言った」などの供述が調書に残されていた。しかしこれもまた、放火殺人のストーリーにあわないため採り上げられなかった。

七月二十三日〜二十八日、警察は出火原因に関する捜査もわずかに行なったが、風呂釜の種火の引火の可能性や、ガソリンが漏れる可能性について科学的・客観的に解明する捜査はほとんどしていない。また放火方法を特定する捜査で、現場の複数の燃えかすやホースなどを鑑定したが、いずれもガソリンは検出されず、男性の自白と矛盾する結果となっていた。

警察・検察には男性の「自白」が必要だった

放火現場の画像や目撃証言などの直接証拠や、風呂釜の種火が引火した可能性や車からガソリンが漏れた可能性を否定する科学的証拠もないなか、警察・検察が青木さんらを放火殺人犯にするには、青木さんと男性に「自白」させるしかなかった。どんな手段を使ってでも……。

実は捜査の中で、男性が、青木さんの長女に性的虐待を加えていたことが発覚していた。八月十四日、警察は男性を任意で呼び出し「長女の性器からお前の精子がでた」と嘘の事実を交え、性的虐待の事実をつきつけ、男性を動揺させた。

そして九月十日、「（放火を）否認するなら、するで構わない。そうなれば長女とのことを事件にする」「放火について自白すれば、長女との性的関係のことは伏せておいてやる」などと脅迫と利益誘導によって、男性に嘘の「自白」を強いた。性的虐待は決して許されることではないが、嘘の事実を交えた警察の脅迫や利益誘導などの違法捜査は断じて許されない。

しかも警察は性的虐待の事実を、実の母親の青木さんには隠していた。そして、九月十日に任意同行した青木さんに対し、首を押さえて長女の写真を無理やり見せようとしたり、机を叩き大声で怒鳴ったうえ、追い打ちをかけるように男性の性的虐待の事実をいきなり告げたのである。そう聞かされ、青木さんは精神的に混乱し、「何故気づかなかったか」と自分を責めた。

頭の中が真っ白になり、「もうどうでもええわ。早く取調室から出て房に戻りたい。長女のもとへ行きたい（死にたい）」との思いから、嘘の「自白」をしてしまった。

警察の悪質で違法な取り調べにいったん「自白」した青木さんだが、翌日、検察官の取り調べには、「刑事に怒鳴られ、どうでもいい、もう死んでもいいと思い、嘘の自白を書いた」と話している。検察官も、青木さんの勾留場所に関する準抗告申立書で、青木さんが長女と同居男性の関係を告げられショックを受けた上、大声で怒鳴られ、どうにでもなれとの気持ちで自白したと言っており、自白に任意性・信用性もないような主張をしていると書いている。この時点で検察官も青木さんの自白に任意性・信用性がないことを十分認識していたはずなのだ。

にもかかわらず、検察官は、その後、青木さんの弁護人から違法な取り調べをやめるよう抗議されたことに対して、接見を認めないなど妨害を行ない、警察の違法な取り調べを更に助長させていった。

起訴前から「放火」は無理とわかっていた

刑事捜査では、どのような手段で実行行為が行なわれたか、実行行為に用いられた凶器や道具などが何かを特定することが極めて重要だ。しかし現場にあったポリタンクにガソリンが付着していたかの鑑定結果は「不存在」とされ、放火との関連性は示されていない。また、ガソリンを車から抜くための給油ポンプや着火に不可欠なターボライターは、いずれも火災現場から発見されていない。つまり実行行為に用いられたはずの道具は何一つ確認できていないのだ。

九月二十五日、警察と検察は、男性の自白内容の信用性を確認するため、「起訴前燃焼実験」を実施した。男性の自白は、風呂釜の煙突と種火がある車庫で、約七リットルのガソリンを撒いてターボライターで着火したというものだった。しかし、実験では風呂釜と種火は置かず、なぜか六リットルのガソリンを二回に分け、ライターではなく長い棒の先につけた紙に火をつけて着火した。

警察は、「起訴前燃焼実験」前の八月十日、揮発性の低い灯油を使用して実験をしたが、このときはライターで着火していた。ところがガソリンを使用した「起訴前燃焼実験」では長い棒で着火している。何故か？　ライターで着火することが、ガソリンの揮発性からして火傷を負うなど極めて危険であることを十分認識していたからにほかならない。

しかも、この「起訴前燃焼実験」が、実際の火災の状況と全く整合していなかったことも判明した。実際に消火活動にあたった消防士らは、「車の底の角をなめるように流れる状況で煙はなく、初期消火で消えるような火の勢いだった」などと証言していた。しかし「起訴前燃焼実験」では、着火後ただちに土間の後方を中心に炎がたちあがり、同時に黒煙が多量に発生し、炎は一気に天井を超える高さになり、計測することが危険になったのである。そのため、着火後二分二三秒で退避を開始し、二分三五秒で消火を開始したとしている。

また男性の「自白」通りにやれば、男性は全身大やけどを負うはずだが、実際は男性は全く火傷を負っていない。これ一つとっても、男性の自白に信用性はなく、起訴できるはずはないのだ。

警察・検察の見立てたストーリーは、青木さんらがマンション購入計画を立てており、資金に窮して保険金目的で放火殺人を行なったというものだった。しかしマンション購入には手付金一〇万円以外は全額ローンが予定されており、購入代金には困っていなかった。

青木さんらが準備する必要があったのは、諸費用の一七〇万円だけだったが、マンション販売業者は検察官に「六月十九日、青木さんから『一七〇万がまだ準備できてないのでローンにしてほしい』と言われたが、火災のときまでその回答をしていなかった」と供述している。マンション販売業者にローン対応してもらえるか聞いていた青木さんらが、その答えをもらう前に放火することなど考えられないし、そもそもローンの審査はまだ通っておらず、買えるどうかわからない状況で、放火殺人するなどありえない話である。

判決文に見る裁判所の凄まじい差別と偏見

二〇一五年、大阪高裁は、男性の「自白」のような放火はありえず、現場の車両から漏れ出たガソリンの「自然発火の可能性は否定できない」として再審開始を決定した。弁護団、検察側の実験の結果からも、「自白」通りに実施することは不可能と判明していたが、それは「起訴前燃焼実験」からわかっていたことだ。

ではなぜ、警察と検察は、早々と放火殺人と決めつけたのか？

九九年、一審大阪地裁の判決文に、青木さんが強く憤る部分がある。わずか一七〇万円で娘を殺すだろうかとの疑問に裁判所は、「そのために本件犯行を企てるというのは、いかにも不自然さが否めないし、他からの借入れ等をも考えれば経済的な逼迫度はそれほどではないともいえる」と言いつつも、「被告人らが当時決して余裕のある経済状態ではなかったことは確かであり、（中略）より楽な暮らしがしたいために、手っ取り早く大金が手に入ることを考えるということも、あながちあり得ない話ではない」という箇所だ。

実は男性は在日朝鮮人であり、青木さんとは当時「内縁」関係にあった。「被差別部落の人間だから」「元ワルだったから」「ボクサーくずれだから」という差別や偏見などが、冤罪を生む要因になることが多々

自宅に置かれた長女の遺影の前にはいつもお花とお菓子が置かれている

あるが、「手っ取り早く大金が手に入ることを考えること」が、「在日」や「内縁関係」の青木さんらには「あながちあり得ない話ではない」と決めつけ、無期懲役を下したのだ。その根底には、権力を持った日本の司法の、「内縁女性」や「在日」への凄まじい差別や偏見があるように思えてならない。

「常識で考えて、たった二〇〇万円のために、わが子を殺す親がいますか？　裁判所もそう言いながらも私を有罪にするために、『あながち』という言葉を使ったのです。より楽な暮らしがしたいためには、あながちあり得ない話ではないと。あながちの意味がわかりません！　絶対にあり得ないことなら、私を信用してくれるのか？　そんなことを私以外の人に言っても不可能です。裁判所は非常識ですよ！」

青木さんの怒りは再審無罪を勝ち取ってもなお、収まることはない。

東住吉事件（続）
青木恵子さんが国賠で和解勧告に応じた理由

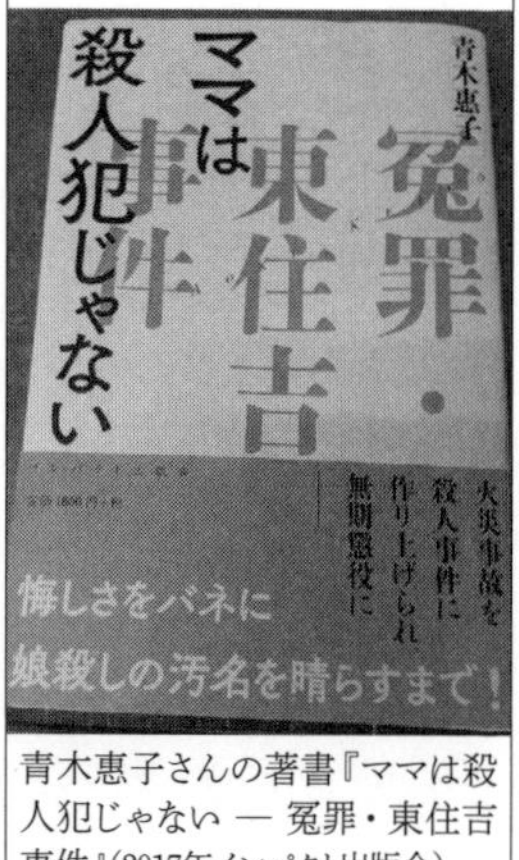

青木恵子さんの著書『ママは殺人犯じゃない ― 冤罪・東住吉事件』(2017年インパクト出版会)

一九九五年七月二十二日、大阪市東住吉区の自宅で発生した火災で小学六年生の娘が焼死した事件で、殺人罪などで無期懲役の実刑判決を受けた青木恵子さんは、出所後の二〇一六年八月、再審で無罪判決を勝ち取った。

二〇一六年十二月二十日、青木さんは「私のように冤罪の犠牲になる人が再び出てほしくない。そのためには、なぜこのような誤判や冤罪が生じたのかを明らかにしてほしい」と大阪府と国に国賠訴訟請求を提訴した。

大阪地裁で開かれたこの裁判は、二〇一七年の第一回口頭弁論以降、新型コロナウイルスの感染拡大で傍聴席が減らされたり、期日が取り消し・延期されるなかで続けられた。そのなかでも筆者の印象に強く残ったのは、最後二回の審理である。

二一年二月十二日、青木さんを取り調べた大阪府警・坂本信行元刑事の証人尋問と、九月十六日、弁護団の総括プレゼンテーションと、青木さんの意見陳述の内容だ。

証言台に立った坂本元刑事は、青木さんに「あなたは今でも私を犯人と思っていますか?」と聞かれると、「思っています」と平然と答えた。本田能久裁判長は、結審の直前、青木さんの著書『ママは殺人犯じゃない』(インパクト出版会)を手に、右陪審、左陪審を見ながら、「三人で読みました」と優しく話しかけた。

その後、青木国賠訴訟は三月十五日に予定された判決を待つだけとなった。

「和解案」の意味するもの

そんなおり、大阪地裁の本田能久裁判長が再び三者協議を開き、和解勧告案を出した、という驚くべき一報が飛び込んできた。国賠訴訟で和解勧告が出されるのは初めてで、極めて画期的なことだ。

本田裁判長は「私が正しい判決を出しても、また控訴・上告され、裁判が長引き、青木さんの苦しみが続いてしまう。国賠を私たちの裁判で終結させたい」と述べたという。

そして和解には国と大阪府の謝罪、なぜ冤罪が起きたかの検証も含まれるとされたため、青木さんは直ちに応じ、弁護団も支援を約束した。
一方、被告・大阪府は前向きな姿勢を見せたが、国は、いったん持ち帰るとしたまま、その後の裁判所の呼び出しには一切応じず、年をまたいだ二〇二二年一月、事実上、和解は決裂する。青木さんと弁護団は同日に会見を開き、二一年十一月に裁判所から出された「和解勧告」の意義について、こう語った。
「原告の青木惠子氏は、保険金を詐取する目的で自宅に放火し、長女を殺害した嫌疑により、約二十一年もの長きにわたり身柄を拘束されたあと、再審において無罪判決が確定した。同判決において、青木惠子氏の捜査段階の自白に任意性が認められないと明確に判断され、検察官も控訴を提起しなかった。よって、青木惠子氏は、完全に無罪であり、もはや何人もこれを疑う余地はない。本和解勧告も、青木惠子氏が完全な無罪であることを、当然の前提としている。これに反し、当時の担当警察官は、青木惠子氏の面前で、今でも青木惠子氏が犯人であると考えている旨の証言をしたが、到底採用することができない。(中略)
青木惠子氏が今もなお苦しみ続けていることは疑いのない事

記者会見する青木さんと弁護団

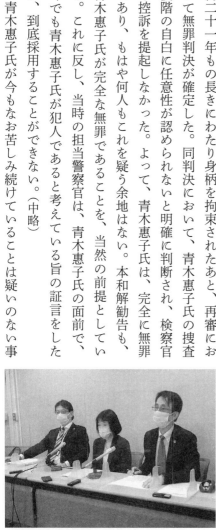

実である。このような悲劇が繰り返されることを防止するとともに、冤罪により毀損された国民の刑事司法に対する信頼を回復・向上させるためにも、刑事手続きにかかわるすべての者が全身全霊をもって再発防止に向けて取り組むべきであることについては、民事責任を争う被告らにおいても、否定されないと信じたい。青木惠子氏も、二度と冤罪が繰り返されない社会の実現を切望して、本件訴えを提起されたと述べている」

しかし、このような和解勧告に対し、国は頑なに応じようとしなかった。会見で青木さんは「反省も検証もしない、これからも冤罪を作り続けていくという国が本当に許せない」と怒りと失望を露わにした。

国が主張するように、本当に検察は、東住吉事件の捜査・公訴・裁判過程で、違法行為をしていないのか。本件を総括した弁護団の最終準備書面から検証してみよう。

「自白」は虚偽と知っていた検察

青木さんと内縁の男性（当時）M氏の「自白」が、警察官の違法な取り調べで得られた虚偽の自白だったことは、再審判決で明確に認められた。

「なぜやっていない人が自白するのか？」と多くの読者は不思議に思うだろうが、冤罪の多くは、いまだにこうした「虚偽自白」から作られている。

青木さんは、十九歳のときに授かった長女を、両親の猛反対にあいながらも出産し、育ててきた。その愛娘を火災で亡くし憔悴するなか、突然「娘殺し」の犯人とされた。

坂本元刑事の証人尋問で明らかになったことだが、大阪府警は青木さんらを任意同行した際、すでに放火殺人の「犯人」と決めつけていた。

しかし、火災は当初、車両から漏れたガソリンが風呂釜の種火に引火した自然発火とみられていた。翌日、一九九五年七月二十三日付の毎日新聞は、東住吉署が「風呂釜の種火が漏れたガソリンに引火した可能性がある」と発表したと報道していた。それは、初期消火活動に加わった近隣住民の「当初炎は約五〇センチ程度でチョロチョロ燃えており、消火器で十分消火できるものと思われていた」との証言や、消防隊員の証言による火災状況からも明らかだった。

それが、いつ、どのような理由で放火に変わったかは不明だが、目撃者など直接証拠がないなか、どうしても放火としたい警察は、青木さんらの「自白」を取る必要に迫られた。

九月十日、警察から任意同行を求められた青木さんは、てっきり火災の原因が判明したのかと思っていた。しかし、取調室に入るや、いきなり坂本元刑事に「お前がやっただろう」と大声で怒鳴られたのだ。

わけがわからず恐怖に怯えながら必死で否認していた青木さんだが、その後「自白」に追い込まれたのは、M氏が長女に性的虐待を行なっていた事実を、突然ぶつけられたからだった。

青木さんは坂本元刑事に「お前も知っていただろう」「三角関係のもつれで殺したのか」などと迫られたうえ、「息子（長女の弟）も知っていた」等の虚偽の事実を告げられた。「早くこの場を去りたい、房に戻って長女のもとへ行きたい（自殺したい）」。そんな思いから青木さんは、坂本元刑事に言われるがまま、虚偽の自供書を書いてしまった。

その後の検察官の取り調べで、青木さんは、虚偽の自供書を書いたと訴えた。彼女の弁護士も、警察が違法な取り調べを行なっている事実を、再三にわたって検察官に抗議していた。

検察官には、警察の取り調べが適正に行なわれているかどうか監督する義務があり、「取調報告書」などからも、青木さんの自白が、強引で違法な取り調べで得たものであることは、わかっていたはずだ。

しかし、検察は、警察の違法な捜査を放置し、青木さんの自白の信用性を検討する補充捜査なども行なわないまま、青木さんとM氏を起訴したのである。

検察は「放火」ではないと知っていた

M氏の「自白」では、火災は、長女の入浴中、あらかじめ車両から給油ポンプで抜き出したガソリン約七リットルをガレージに撒き、ターボライターで着火したというものだった。

今回の国賠訴訟で国側が、当時の検察が青木さんを起訴したのは違法ではないとして提出した証拠に、「給油口等の状況を確認した実況見分調書・検討調書」「科捜研の車両出火原因調査結果復命書」など七点がある。

その一つ「火災の初期消火に関する近隣住民の供述」には、前述の「当初炎は約五〇センチ程度でチョロチョロ燃えており、消火器で十分消火できるものと思われていた」との証言があり、「多量の黒煙が発生した」との証言はなかった。火災発生から七分後、現場に到着した消防士らも「六、七名の人が初期消火活動をしていた」と供述していた。

一方、警察が九月二十五日、M氏の「自白」通りに行なった「再現実験」では、着火直後すぐに炎が高く立ち上がり、同時に多量の黒煙が発生、七秒後には炎が風呂釜の開口部から噴き出し、天井の高さを超えた。観測することが危険になったので、着火後二分二三秒で退避を開始し、二分三五秒に消火を開始したと報告されている。

このような「再現実験」の状況は、近隣住民らの目撃証言とあまりに違い過ぎている。しかし、検察は、自然発火の可能性について専門家に確認したり、適切な再現実験も行なわず、さらには再現実験の結果をまとめた鑑定書も作成しないまま、青木さんとM氏を起訴したのである。

また、放火に必要なポリタンクやターボライターも存在せず（弁護団の再現実験では二つとも消火後に残存することが確認されている）、M氏の「自白」通りに着火したら、当然負うはずの大火傷もM氏は負っていないのだ。

検察官は、刑事裁判において、収集した証拠を取捨選択し、裁判所に対して取り調べ請求を行なわなければならない。しかし、本件で検察官は、青木さんの無罪を裏付ける、もしくは少なくとも有罪心証を揺るがせる証拠について、一切、証拠調べ請求を行なわず、事実を隠蔽した。たとえば警察は、M氏がガソリンを購入したスタンドの店員から「ガソリンタンク内が過量的満杯状態になっている可能性が高かった」との供述を受けていたが、裁判ではこの証言を提出しなかった。また、M氏が消火活動を行なったり、消防士に娘の救出を求めていたことを複数の人が目撃し、その旨の捜査報告書・供述調書があるにも関わらず、裁判では「Mの消火活動をしているところを見ていない」という住民の供述調書のみを提出した。

検察の悪質な証拠隠しはこれだけにとどまらない。検察は警察とともに、放火に必要なガソリンを入れたポリタンクにガソリン成分が付着していたかどうかを確認しているはずなのだが、調査結果は「不存在」と回答した。

現場に残されたほかの証拠物に関しては、ことごとくガソリン反応があるかどうかを確認しているにもかかわらず、肝心のポリタンクだけ確認していないというのは不自然極まりない。検察は、捜査段階で、火災が放火でないことを示す事実が積み上げられ、青木さんらの自白に信用性がないこと、状況証拠として自然発火の可能性が十分あったことを認識したからこそ、刑事裁判では、それを裏づける証拠を必死で隠し続けたのだ。

さらにM氏を取り調べた八尾元刑事が刑事裁判で、「八月十四日、M氏が自ら警察署に赴き、長女に対する性的虐待の事実を自ら述べ、自供書を作成した」と証言したが、再審請求審で開示された八尾元刑事作成の報告書には、八尾元刑事がM氏を呼び出したと明記されていた。

刑事裁判の確定審では、八尾元刑事の偽証（M氏が自ら告白しに来た）に基づき、M氏の自白に任意性があると判断され、青木さん有罪の判決を導いたのである。

この報告書は、当然、検察も確認しているのだから、八尾元刑事の偽証を「見破られなかった」「見逃してしまった」などとは言えまい。八尾元刑事の偽証の根拠となる証拠を、十七年間隠し続けた検察は違法であるうえに、悪質過ぎる。

自然発火を「放火」に仕立てた警察・検察の思惑

それにしても、警察・検察は、いつからどのような理由で、自然発火による火災を、保険金目当ての放火殺人事件にしようと考えたのだろうか。

警察は、逮捕前の青木さんやM氏の任意の事情聴取などから、M氏が長女に性的虐待を行なっていたこと、二人が内縁関係であったこと、長女に保険金がかけられていたこと、二

和解案が出された日、長女のお墓に報告した青木さん

人がマンション購入を考えていたこと、さらにはM氏が在日朝鮮人であることなど、多数の情報を得ていた。

そうしたさまざまな特殊な要件が事件の背景に浮き上がったことで、警察の頭に、自然火災事故をより煽情的でスキャンダラスな事件へと捏造したい妄想・衝動が浮かび上がったのではないか。湖東記念病院事件、大崎事件、日野町事件、狭山事件などの多くの冤罪事件が、警察・検察が、公権力に抗う力を持ちえない社会的な弱者を、安易に「犯人」に仕立てたがることから始まっているように。

そして、青木さんらもまた、警察・検察によって犯人でないとする証拠や証言をことごとく隠蔽され、「娘殺し」の犯人に仕立てられてしまったのではないか。

というのも、「東住吉事件」をネットで検索すると、いまだに「在日」「金目当て」「冤罪ではない」などの誹謗中傷が絶えないからだ。本田裁判長も、和解勧告を出した理由の一つとして、そうした誹謗中傷をなくしたいとの思いがあったと語っている。

こうした弱者に対する差別的な思想が当時の警察にあったことは、元刑事らが取調べで口にした、「三角関係のもつれやろう」や「やましいことがあるんやろう。首洗って待っておれ」などの発言からも容易に想像できる。

さらに、警察のでっち上げたストーリーを鵜呑みにし、自白の供述調書が違法な取り調べで作成されていることを知っていながら、火災の原因を慎重に検討しなかった検察も、同様の差別的思考にまみれていたといえよう。

　青木さんが昨年九月の法廷で最終意見陳述を読み上げた際、下を向き書面に目を落としていた本田裁判長が、思わず顔を上げ、青木さんに視線をやる場面があった。

　それは青木さんが、

「私は社会に戻れた反面、浦島（太郎）状態となり、何もわからない自分が情けなくなり、携帯電話を覚えるのにも苦労して、高速料金所でＥＴＣカードを使うことを知り（中略）プライドが傷つき、何度も刑務所に帰りたいとさえ思ってしまったのです」

　との陳述書を読み上げたときだ。

　釈放され、再審無罪が勝ち取れたからといって、全てが円満に解決したわけではない。たとえば青木さんは、獄中であれほど会いたがっていた長男とは、さまざまな理由から、現在は関係を絶っている。二十年間という奪われた時間はあまりにむごたらしく、人の人生を変えてしまうということを、和解のテーブルに着かなかった国（検察）は永遠に理解しえないだろう。

　最後に触れておくと、和解金額は当初の請求金額より遥かに減額されていた。お金が裁判の目的ではないといえ、約五年にもわたり、八人もの大弁護団で取り組んできた裁判だ。それでも青木さんが和解を切望したのは、この訴訟が、警察と検察の謝罪、なぜ冤罪が起きたかの検証、さらには、ほかの冤罪犠牲者が無実を勝ち取るための糧になればと考えたからだ。

国が裁判所の呼び出しに応じなかったことについて本田裁判長は、「私は普段は穏和な方ですが、悔しくて眠れませんでした」と青木さんに語ったという。

同裁判長が、国や大阪府の責任をどこまで追及できるか、三月十五日の判決に注目していた。

しかし、二〇二二年三月十五日、大阪地裁本田能久裁判長は、大阪府警の捜査の違法性は認めたものの、国（検察）の違法性は認めず、国への請求を棄却した。

筆者も傍聴していたが、裁判長が「大阪府、大阪府」とばかり言い、国・検察とはなかなか言わないなか、静まり返る法廷に「カチッ」とペンで机を叩く音が響いた。国の違法性を認められないとわかった青木さんが、怒りを露わにした瞬間だ。本田裁判長が判決の概略を読み終えたあと、青木さんは「冗談じゃないわ。手紙を破ります」と言い捨て、裁判長宛に書いてきた手紙を目の前で破り捨てた。青木さんは、あれだけ親身になってくれていた裁判長、裁判所だから国の違法性も認めてくれると信じていたのだ。青木さんは、この判決を不服として、国と大阪府に計二千万円の損害賠償を求めて控訴、しかし二〇二三年二月九日、大阪高裁は、一審判決を支持し、国（検察）の違法性は認めなかった。青木さんは現在最高裁に上告している。

布川事件

無罪の証拠を隠し続けた検事はなぜ裁かれない?

桜井昌司さん

冤罪事件で再審無罪が勝ち取れた際、「警察、検察も人間だもの、間違いはあるよね」といわれることが、よくある。

しかし、桜井昌司さん（事件当時二十歳）と杉山卓男さん（同二十一歳）を強盗殺人事件の犯人として逮捕・起訴し、無期懲役の有罪判決を下した布川事件を見る限り、警察・検察は、ちょっとした間違いではなく、桜井さんらが犯人でない証拠を故意に隠ぺい・改ざんし、無理やり犯人に仕立てたことがよくわかる。

再審無罪を勝ち取った桜井さんには、不当に拘束された期間の刑事補償金が支払われたが、桜井さんはさらに踏み込み、県（警察）と国（検察）に対して、桜井さんを故意に犯人に仕立てた違法行為に対する損害賠償を求め、国家賠償請求訴訟を提訴した。

警察と検察が、どうやって無実の桜井さんらを犯人に仕立てたか。その全貌を明らかにし、責任を追及するためだ。

再審無罪の桜井さんが国賠訴訟を闘った理由

一九六七年八月二十八日、茨城県利根町布川で発生した「強盗殺人事件」（布川事件）で逮捕・起訴された桜井昌司さんと杉山卓男さんには、刑事裁判の一審・二審・最高裁で無期懲役の実刑判決が言い渡された。しかし、一九九六年仮出所した桜井さんらが申し立てた第二次再審で水戸地裁土浦支部は二〇一一年五月二十四日、再審無罪判決を言い渡した。

桜井さんらに無罪判決が下されたが、警察・検察は謝罪しないばかりか、相変わらず二人を犯人視していたため、翌一二年、桜井さんは国賠訴訟を提起、一九年五月二十七日、東京地裁（市原義孝裁判長・福田敦・佐々木康平裁判官）は、国と茨城県に対して約七六〇〇万円を支払うよう命じる判決を言い渡した。

判決は、警察の違法な捜査や検察の証拠隠しなどを断罪し、今後、検察に証拠の開示を義務づけるという画期的な内容であった。

再審無罪の判決は、一・原告らと本件強盗殺人事件を結びつける客観的事実はなんら存在しない。二・原告らの自白を支え、あるいは両人の犯人性を推認させる証拠はなんら存在しない。三・原告らの自白は信用性がなく、その任意性にも疑問がある。四・自白は捜査官の強要、誘導によるものという桜井さんの公判供述は否定できず、他方、強要や誘導はなかったという捜査官の公判供述は信用性に乏しい。五・原告らのアリバイ供述は一部裏付けもあり、これを虚偽と認める証拠はない、として、桜井さんに完全無罪を言い渡すものであった。

しかし前述したように、桜井さんには刑事裁判で、一審から上告審まで三度に渡り、無期懲役の有罪判決が言い渡されていた。なぜそのようなことが起きたのか？　国賠訴訟では、確定判決と再審無罪判決との間で、どのような判断の差異が生じたかの原因を究明するとともに、もともとなかった桜井さんを有罪とする証拠が、警察・検察によりいかに形成されたのかを明らかにした。

そこで証明されたのは、この差異が、警察・検察の違法な捜査、違法な起訴、および違法な公判活動がもたらした結果であるという事実であった。

違法な別件逮捕でうその自白に追い込まれた

茨城県で一九六七年八月二十八日に、大工の男性が自宅で殺害される事件が起きた。男性は両足をタオルとワイシャツで縛られており、死因は首を絞められたことによる窒息死と判明。

現場の勝手口がわずかに開き、室内に物色した形跡があったが、男性が持っていたという財布が発見されなかった上、何が盗まれたかも判明しなかった。

十月十日、茨城県警は、桜井さんを窃盗容疑、杉山さんを傷害容疑で別件逮捕した。強盗殺人事件の捜査が難航するなか、地元で評判の「ワル」と目されていた二人の、強盗殺人事件のアリバイを調べる目的だった。

しかし、この逮捕時、桜井さんと強盗殺人事件を結びつける客観的証拠や、証拠に裏付けられた客観的・合理的な嫌疑は何も存在しなかった。逮捕の理由とされた窃盗については、桜井さんは素直に容疑を認め、事件は終了していたにもかかわらず、警察は、その後も桜井さんを違法に勾留し続けた。

十月十三日以降、留置場内の看守仮眠室に移されて取り調べられた桜井さんに、早瀬四郎捜査官（当時、以下同）は、強盗殺人事件当日のアリバイを聞いてきたため、桜井さんは「兄のアパートに泊まった。杉山も泊まった」と話した。すると早瀬捜査官は「もう調べてあって、兄は泊まってないと言っている」と嘘をつき、その後も「母ちゃんも、やったことは仕方ないんだから、一日も早く素直に話せと言っているぞ」「下手に突っぱねると大変なことになるんだ。死刑だってあるんだぞ」などと脅し、桜井さんを追い詰めた。「まさか警察が嘘をつくとは思ってもいなかった」と言う桜井さんは、十月十五日、ポリグラフ（嘘発見器）にかけられた。結果について、早瀬捜査官に「(結果は)すべて嘘と出た。もう駄目だから」と言われた桜井さんはガックリし、嘘の自白に追い込まれてしまった。実は、この時点でポリグラフの結果は出ておらず、これもまた早瀬捜査官の虚偽の説明だったのである。

警察は、桜井さんへの逮捕状を十月十九日に請求し、二十三日に執行した。通常逮捕の要件としては、被疑者が罪を犯したことを疑うに足る相当な理由、すなわち証拠資料に裏付けられた客観的・合理的嫌疑が存在していることが必要だが、この時点で存在するのは、むりやり強要された桜井さんの「自供調書」二通だけだった。

しかも桜井さんが「東京・中野の兄のアパートに泊まった。杉山も泊まった。調べてほしい」と訴えていたにもかかわらず、早瀬捜査官らは別件逮捕から、強殺事件の逮捕状執行までの十三日間、桜井さんのアリバイの裏付け捜査をしなかった。そればかりか「兄は泊まってないと言っている」と嘘をつき、「アリバイがわからないだけで、なぜ犯人扱いするのか?」と抗議する桜井さんに、「お前を被害者宅前で見た人がいる」とさらに嘘を重ね、桜井さんを動揺させていった。

警察が桜井さんのアリバイの裏付け捜査を行なわなかったのは、捜査すれば、桜井さんが犯人でないことがますます明白となり、強殺事件の捜査が手詰まりになってしまうからにほかならない。

供述を操作し桜井さんを犯人に仕立てた検事

桜井さんは土浦拘置支所に移送されたのち、水戸地検の有元芳之祐検事に対して強盗殺人事件への関与を否定したため、有元検事によって否認調書が作成された。それまでの捜査では有罪と認める嫌疑が十分でなかったので、強盗殺人容疑では処分保留でいったん〝釈放〟されている(杉山さんも同様に否認し〝釈放〟された)。ただし、すでに別件で起訴・勾留されていたので、書類上の〝釈放〟である。

その後、拘置所から警察署の留置場に「逆送」されたことで、また長時間の違法で執拗な取り調べが始まり、桜井さんは二度目の自白に転じてしまった。当時成人になったばかりの桜井さんには、警察、検察の取り調べなどに関する法的知識はほとんどなく、弁護人の助言も全く受けていなかった。そうした桜井さんに対して、有元検事から交代した吉田賢治検事らは、取調室への出頭を強制されることがないことや、取調室からいつでも退去することができることなどを全く告知していなかったのである。

吉田検事が桜井さんを起訴するまでの補充捜査でも、桜井さんを有罪とする証拠はなく、桜井さんを無罪とする証拠ばかりが収集されていた。では、なぜ桜井さんは、強盗殺人容疑で起訴されてしまったのか？

十一月十四日以降に行なわれた補充捜査では、犯行現場で採取された毛髪や指紋などが、桜井さんのものと一致しないことが判明していた。それでもなお、吉田検事は桜井さんを犯人に仕立てようと、様々な操作により、有罪となるような証拠を作成（捏造）した。

たとえば、桜井さんの「被害者宅の勝手口の左側（西側）のガラス戸を、右側（東側）に開けた」との供述通りでは、冷蔵庫などの家具に遮られ、中の被害者を見ることができないことが、補充捜査の犯行現場見分でわかっていた。桜井さんの自白が現場の客観的状況と矛盾しており、桜井さんが現場を知っているのかも疑問となったはずだ。本来ならば吉田検事は、目撃証人や桜井さんの供述などを、より厳密に吟味しなければならなかったにもかかわらず、逆に、桜井さんの信用性に欠ける供述を、信用性があるように操作していったのだ。それも、次から次へと。

勝手口のガラス戸については、西側から開けると被害者が見えないことから、桜井さんの調書を「西側のガラス戸」から「東側のガラス戸」に変更させた。また、被害者の遺体の首の周囲にあったパンツの形状が、軽く伸ばせば頸部に回し、絞頸を行なうことが十分可能であると判明。「パンツを回したが回らないので、首のところに当てたまま、パンツの上から押さえつけ扼殺（やくさつ。手や腕で締めて殺すこと）した」旨の桜井さんの供述が客観的状況に反するため、「パンツを使ったのかはっきりしない」に変更させた。

ほかにも犯行現場での物色や、何を盗ったかなど、桜井さんの供述と客観的状況との間に矛盾点は多々あるが、紙幅の関係で割愛する。ただ一つだけ、吉田検事の証拠操作があまりに悪質な一例を、紹介しておこう。それは桜井さんのアリバイについてである。

桜井さんは当初から、事件当日のアリバイを主張し、強盗殺人事件とは無関係と訴え続けていた。検察にもアリバイの裏付け捜査を行なう義務があるが、吉田検事は警察同様、裏付け捜査を行なわないまま桜井さんを起訴したうえ、さまざまなアリバイ潰しの操作を行なった。そこには、桜井さんを絶対に犯人に仕立て上げるという執着さえ感じる。

桜井さんは、事件のあった八月二十八日、茨城県内の取手競輪を観戦したあと仲間と別れ、一人で東京都新宿区の居酒屋「養老乃瀧」に立ち寄った。その後、中野区野方にある兄のアパートに行き、銭湯へ出かけようと部屋を出たが、そのまま兄が勤めるバー「ジュン」に立ち寄り酒を飲んだ。午後一〇時過ぎにアパートに戻り、知人に電話したあと、隣のアパートに入り缶詰を盗んだと、極めて具体的なアリバイを訴えていた(同時にこの兄のアパートで杉山さんと会っていた)。

しかし、このアリバイは、早瀬捜査官の「兄は否定した」という嘘によって早々と潰されたため、桜井さんは混乱し、その後、早瀬捜査官に強いられるまま「犯行現場で杉山さんと別れたあと、千葉県柏市の旅館で宿泊した」に変更した。後に、そのストーリーも破綻したため、早瀬捜査官は、再び「茨城県で強盗殺人事件を起こしたのち、電車を乗り継いで午後一一時半ごろ、ないしは一一時二〇分に西武新宿線野方駅に到着、午後一一時半ごろバー『ジュン』に行った」という筋書きに変更させた。その際、早瀬捜査官は、バー店主と桜井さんの兄の供述も誘導し、桜井さんの供述に沿うように作り替えた。

桜井さんが「ジュン」に行ったのは、実際には八時から九時の間だが、そうすると午後八時過ぎに茨城県で強盗殺人事件を起こすことができないからだ。

ところがその後、早瀬捜査官らがこのストーリーに沿って捜査を行なったところ、午後九時五〇分、事件現場最寄りの国鉄成田線(当時)布佐駅発の列車に乗ると、野方駅に午後一一時四七分に到着し、兄のアパートに到着するのが午後一一時五二分であること、アパートで着替え、風呂支度をしてバーに行ったと桜井さんが供述しているため、桜井さんが「ジュン」に到着するのは午前〇時を過ぎてしまい、「午後一一時半ごろには『ジュン』にいた」というストーリーが破綻することがわかった。

その報告を受けた吉田検事は、桜井さんに「養老乃瀧に行き、『ジュン』に行ったのは別の日である」と、強引に嘘の供述をさせ、アリバイの主張を撤回させたのである。

しかしこうして何度も変更された桜井さんの供述は、バー店主の「桜井さんが午後一一時半ごろ『ジュン』に来店した」との供述ともまた矛盾することから、店主の供述(証拠)は、以降三十七年間、隠し続けられることとなった。

このように吉田検事は、桜井さんの供述を操作してまで無理やり嫌疑を作り出し、桜井さんを強盗殺人事件の犯人に仕立てて起訴した。この吉田検事の起訴行為は、極めて違法であると言わざるをえない。

公判で隠され続けた無罪の証拠

確定審が桜井さんに有罪判決を言い渡した根拠は、目撃証人がいること、桜井さんらのアリバイを立証する証拠が存在しないこと、そして桜井さんの自白が任意になされ、信用性もあるということだった。しかし再審で新たに開示された証拠から、こうした根拠が一つ一つ崩されていった。

では、確定審で無期懲役の有罪判決が出されるまでの、刑事裁判での公判活動はどういうものだったか？

実は、そこにおいても警察・検察は、桜井さんを無罪とする証拠をことごとく隠したうえに、その違法行為もまた隠したり、ごまかしたりした。

強盗殺人事件の当日、桜井さんらを成田線との乗換駅である国鉄常磐線我孫子駅から布佐駅、栄橋の石段という被害者宅に至る経路で目撃したという一連の目撃証言は、いずれも桜井さんと本件犯行を直接結びつける証拠にはなり得ておらず、捜査員に誘導され、変更されたものが多かった。

一審・二審では、犯行時刻ごろ、被害者宅前に立つ桜井さんと杉山さんを、五〇ＣＣのバイクで走行中に目撃したとの男性の証言が採用されていた。しかし、これとは逆に、犯行時刻に桜井さん、杉山さん以外の人物を現場で見かけたとの重要な目撃証言が、再審請求審でようやく開示された。証言したのは杉山さんと面識がある女性で、立っていた人物は杉山さんとは異なる男性であると証言していたのだ。

警察・検察は、この事件が桜井さんらの犯行でないばかりか、別の人物の犯行である可能性を匂わせる重要な証拠を、再審請求審まで開示せず、ひた隠しにしてきた。その罪は極めて重い。

隠され続けたのは目撃証言だけではない。確定審が桜井さんの自白の信用性を認めたのは、ここまで述べたような自白の真実性を担保する、一連の目撃証言があったことと同時に、確定審に提出された、桜井さんの取り調べを録音した六七年の「11・2録音テープ」の存在があったからだ。

早瀬捜査官らは刑事裁判で、桜井さんの取り調べにおいて、強制・誘導・偽計・長時間にわたる取り調べなどを否定する証言をしていた。また桜井さんが、厳しい追及や長時間にわたる取り調べを受けた形跡がないのに早期に自白したこと、しかもそれを録音した「11・2録音テープ」を「自ら体験しない事実ならば、とうてい引き続いて整然と供述しえないことを、具体的に首尾一貫して供述したものである」として、自白の任意性、信用性が認められる重要な根拠としていた。

しかし再審請求審では、十一月二日以前に録音された「10・17録音テープ」が新たに開示された。テープには目で見てわかる編集痕は見られないものの、科学的な鑑定を行なった結果、録音が中断された箇所や巻き戻した痕跡が多数確認された。そこからは、桜井さんの供述をそのまま録音していないこと、「引き続いて整然とした」供述などではないことが判明した。また早瀬捜査官が誘導した可能性も窺えることや、取り調べ当初、桜井さんが犯行現場となった被害者宅の様子などについて、わかっていなかった様子なども明らかにされた。

早瀬捜査官らは刑事裁判で「不当な誘導など一切なかった」「（テープを録音したのは）一回だけだった」との証言を何度も繰り返していたが、それが全くの嘘だったことも明らかになった。

また殺害方法について、「絞殺（推定）」「頸部に絞痕あり」と記載された「死体検案書」と、被害者の首に巻かれていたパンツが開示されたことで、桜井さんが自白した「扼殺」ではなく、パンツを使っての絞殺の方が自然であることも判明した。

こうした桜井さんを有罪とする証拠は、早瀬ら捜査官が、違法な捜査で収集したものであること、検察官は、桜井さんを起訴する際、桜井さんを無罪とする証拠が多数存在し、桜井さんを有罪とする証拠は、違法に作られたものであることを承知していたのであるから、起訴自体できなかったはずである。

吉田検事らが、公判活動において、桜井さんの無罪を証明する証拠を開示せず、早瀬捜査官らに偽証や虚偽答弁をさせてまで、証拠を隠ぺいしたことが、確定審において裁判所の判断を誤らせた最大の原因であることは言うまでもない。

証拠を隠し続けた検察の責任

それにしても、検察が勝手な判断で、証拠を隠ぺいしていいものだろうか？　原告第二準備書面では「検察官には、その一つを取り上げてみれば、それ自体が端的に公訴事実と矛盾するような証拠でなかったとしても、ほかの証拠の信用性判断に影響を及ぼす証拠や、ほかの証拠と併せてみればほかの証拠の信用性判断に影響を及ぼす証拠についても、法廷に提出すべき義務があるというべきである」とある。「そして検察官は『公益の代表者』として捜査結果を公正に使用する義務を負担するのであるから、その手中に被告人に利益な証拠があれば、それを被告人側に開示すべき義務を負うというべきである」ともある。

布川事件国賠完全勝訴を勝ち取る

早瀬捜査官や吉田検事は、起訴後の有罪率九九・九%を死守するためだけに警察・検事に従事しているのではないかと思えてくる。そうでなければ、桜井さんを無罪とする証拠を三十七年もの間、隠し続けるという卑劣な行為ができるはずはない。

桜井さんが常々訴えるように、冤罪を作った警察官・検察官に法的処罰を与える制度をつくらない限り、組織防衛や自身の出世欲や権力欲のために、冤罪で無実の人を犯人におとしめる者はなくならないだろう。

布川事件国賠訴訟は、一九年東京地裁が、警察の取り調べや検察による証拠の不開示などについて違法と判断し、国と県に計約七六〇〇万円の支払いを命じた。二一年八月二七日、東京高裁（村上正敏裁判長）は、警察に加えて検察の取り調べにも違法な行為があったと指摘し、県と国の違法性を認める完全勝利判決を下した。その後、国と県は上告しなかったため、九月一三日、東京高裁判決が確定した。

日野町事件

「再審請求審」で暴かれた警察の証拠捏造

阪原弘さん

一九八四年十二月末に滋賀県日野町で起きた強盗殺人事件（「日野町事件」）は、二〇一一年、元受刑者の阪原弘《さかはらひろむ》さんが服役中に病死したのち、遺族が引き継いだ第二次再審請求で、一八年七月十一日に大津地裁が再審開始を決定した。これを不服とした検察が即時抗告したため、現在、大阪高裁で審理が行なわれている。

「この事件はいつどこで、どんな事件だったかという事件性の中身がいまだに明らかにされていません。これがこの事件の最大の特徴です」

事件について弁護団長の伊賀興一《いがおきかず》弁護士に取材すると、開口一番、冒頭のように切り出され、筆者は愕然とした。たしかに事件が起きたとされる十二月二十八日は、殺害された酒店の女性店主が失踪した日にちだが、当日に事件が起きたか否かは不明だ。三年後に逮捕された阪原さんの自白により、酒店が殺害の犯行現場とされたが、事件当時店内に争ったような形跡はなく、翌日は店主不在のまま、別の店員が店を開け営業した。しかも、阪原さんの自白では、店を施錠せず開けたままだったにもかかわらず、翌日、店の表には、三人の客がたむろしていたという。店は施錠され店内に入れなかったからだ。

再審開始が決定した日野町事件とは何だったのか？　なぜ阪原さんが犯人とされたのか？再審決定の決め手となった新証拠の分析などから、改めて検証したい。

実刑判決はどうやってつくられたのか？

一九八四年十二月二十八日、滋賀県蒲生郡日野町豊田の酒店経営の女性（当時六十九歳）が、夜から行方不明になり、店内にあった手提げ金庫が盗まれる事件が発生した。遺体は翌年一月、店から約八キロ離れた宅地造成地で、金庫はその三カ月後、町内の山林から発見された。三年後の八八年三月九日から十一日にかけ、同店の常連客だった阪原弘さん（当時五十三歳）が、滋賀県警日野署から任意の取り調べを受け、連日の過酷な取り調べで、うその「自白」に追い込まれた。

阪原さんの長男・弘次さんは、警察の取り調べから戻った父親の話を鮮明に覚えていた。阪原さんは警察に、入れ歯の金具が不具合を起こすほど殴られたうえ、「認めなければ親戚や近所を火の海にしてやる」などと脅されたと長男に話していた。

また阪原さんは自白に追い込まれた一番の理由を次のように語ったという。

「殴られても蹴られても我慢してきたが、『娘の嫁ぎ先に行って、ガタガタにしたるぞ』といわれて、我慢できひんかった」

まもなく結婚式をあげる娘を「自白したら守れる」と勘違いしてしまったのだ。そんな阪原さんに、「やってへんのにやったと言ったらあかん」と家族は説得した。「明日、違うと言いに行く」と答えていた阪原さんだが、翌日出向いた警察署で逮捕されてしまった。

警察の書いた「強盗殺人容疑」のストーリーはこうだ。阪原さんが「酒代欲しさ」に、帳面をつけていた女店主の背後から両手で首を絞めて窒息死させ、遺体を車で宅地造成地に遺棄した。その後、再び店に戻り店内を物色、約七時間滞在したのち、翌朝六時頃、手提げ金庫を山中に持っていって壊し、中の五万円を奪ったというものであった。

その後の裁判で、阪原さんは一貫して無実を訴えた。では阪原さんの刑事裁判は、どのように争われたのか。

一審で弁護側は、阪原さんの「自白」は、警察の暴行や脅迫により強いられたものであり、犯人しか知り得ない「秘密の暴露」がないこと、「引き当て捜査」(犯行場所などに被疑者が捜査員を自発的に案内すること）で、「被害者の遺体と金庫の発見場所を、阪原さんが案内できた」という間接証拠については、場所を熟知している警官が阪原さんを誘導したものであるとして、無罪を主張した。

犯行時刻は、被害者の胃の中身の状況から「食後三十分以内」とされていたが、同じ時刻、阪原さんを店の近くで目撃したとの証言などから、阪原さんが疑われた。

阪原さんには事件当日は、知人宅で酒を飲み、そのまま眠っていたとのアリバイがあった。しかも、事件当時、阪原さんの家族は全員働いており、預貯金の残高は約二〇〇〇万円あり、「酒代に困って」いなかったうえ、女性店主とのトラブルもなかった。

このままでは自白の信用性は認められないと考えた裁判官は、論告求刑前の九五年一月、同期の検察官に密かに連絡し、犯行時間と犯行場所をあいまいにするため、犯行時間を「二十八日午後八時すぎから二十九日午前八時半頃」、犯行場所を「町内やその周辺地域」とする「予備的訴因」の追加請求を促していたのである。

九五年六月、大津地裁（中川隆司裁判長）は「自白調書の内容は必ずしも信用できない」としつつも、金庫発見現場に阪原さんが捜査員を案内できたこと、酒店内の鏡に阪原さんの指紋が残っており、店内を物色した痕跡が認められることなどの状況証拠で「犯人であると認めるに足る」と認定し、求刑通り無期懲役を言い渡した。

さらに九七年五月の大阪高裁（田崎文夫裁判長）は、自白の信用性について「一部疑問の残る部分もあるが」としつつも、「引き当て捜査で金庫の発見現場に到達したことや、遺体発見現場の捜査の際の言動から根幹部分は十分信用できる」とその信用性を認め、控訴を棄却、二〇〇〇年九月、上告棄却で無期懲役の判決が確定した。

このように確定判決は、阪原さんを犯人とする直接的な物的証拠がないうえに、阪原さんと犯行を結びつける間接証拠や状況証拠もなく、あるのは任意性と信用性に問題のある阪原さんの「自白」のみしかないという、極めて脆弱な証拠に基づくものであった。

無期懲役確定から一年後の〇一年一一月、阪原さんは大津地裁に第一次再審請求を申し立てた。弁護側は、阪原さんが「首を手で絞めた」と自白した殺害方法について、「自白方法で生じる圧迫痕と遺体の傷が一致しない」とし、紐などを使って絞めたなどという鑑定書を新たに提出した。

これに対して大津地裁は、〇六年三月、「自白の殺害方法で説明できない疵がある」と矛盾を認めつつ、別の絞め方でも同様の傷がつくとし、「（犯行から）三年以上経過したあとの自白で、記憶違いとして理解できる」と却下した。

一一年三月十八日、即時抗告を申し立てた大阪高裁での審理中、広島刑務所に服役していた阪原さんは病死し、即時抗告審は打ち切りとなった。阪原さんは七十五歳だった。

再審で開示された新証拠でわかったこと

前述したようにこの事件は、被害者を殺害したとされる酒店、被害者の遺体遺棄現場、金庫の投棄現場の三カ所以外、途中どこかに立ち寄ったり、誰かに目撃されたなどの形跡は全くなかった。事件性の中身が明らかにされないなかで作成された阪原さんの「自白」調書の内容は、非常に漠然としており、「素人が読んでも『本当に犯人やな』と思えるものがない」と伊賀弁護士は言う。

たとえば、遺体遺棄後に戻った店から金庫を持ち出した時刻が、当初の「夜明け前」から「明け方」になって、さらに「六時ごろ」と変遷しているが、これは阪原さんが、店主が失踪した日の「夜明け前」が何時ごろか、わからなかった証拠である。また十二月末の明け方、暗闇の山中を草履で分け入っていくことや、殺害した被害者を軽トラの荷台にシートも被せず載せ、町の中心街にある警察署前を通ったことなども、「本当に本人が体験したのか？　あまりに臨場感に欠ける話だ」と疑問を持たざるをえない。

「自白」調書は、犯行現場・金庫の投棄場所・遺体遺棄現場の三カ所しかわからない事件を、「警察官が想定して作り上げ、供述能力の低い阪原さんに『自白』させた、それ以外にありえない」と伊賀弁護士は憤る。

のちに行なわれた法医学者による鑑定で、阪原さんには「境界線級の知的発達遅滞」があると判明した。

「〝刺激〟と〝結果〟が非常に近く、殴られれば逃げようとする。目先の困難や苦痛を回避しようとする、その後により大きな困難や危険があるということを考慮しにくい状態にある。また何か強いことを言われると、さっと逃げる、『それはわかりません』と放棄してしまう。その先を考えて行動しない」

などと分析された。

伊賀弁護士によれば、阪原さんは『わからない』と言えない。そのため（刑事に何か言われたら）『わかる、そうや』と同意してしまう点がある」

とのことで、そうした「供述特性」が、開示された証拠からも見てとれるという。

また、再審で開示された証拠からは、事件発生から逮捕までの間に、警察による、多数の阪原さんのアリバイ潰しがあったことが判明した。

実は阪原さんは、事件翌年の六月に一度取り調べを受けていた。当日のアリバイを聞かれた阪原さんはすぐには答えられていなかった。しかし、同じく取り調べられた奥さんが、当日、阪原さんが知人宅で酒を飲み、そのまま眠り込んでしまい、朝方家に戻ったとアリバイを証明していた。

この時すでに逮捕状が発付されていたが未執行だったことも、そこで初めて明らかにされた。警察は阪原さんの逮捕を前提として、そのアリバイを徹底的に潰していくと同時に、周辺捜査などから阪原さんの人柄・特性などを熟知していったに違いない。

再審開始決定の突破口となったのは？

阪原さんの死後、遺族が起こした第二次再審で、弁護団は様々な新証拠を開示させてきた。そのうえで「さらに証拠開示を請求する」と主張する弁護団に対して、審理を終えたい裁判所が「最後にもう一つだけ」と検察に開示を命じた証拠が、金庫の発見現場への引き当て捜査の実況見分調書であった。確定審で、大阪高裁が、地裁判決から一八〇度変更し、「阪原さんの自白を信用できる」とした際の重要な証拠となったものだ。

一九八八年三月に行なわれた引き当て捜査で阪原さんは、警察車両を停めた道路から一〇分ほどの、草が生い茂り、倒木が横たわるような「道なき道」を、捜査官を従えて発見現場に到達したとされた。実況見分調書には、阪原さんが先頭に立ち、後ろに着いてくる警官らに、自ら発見現場を案内したとする写真と、その説明文が添付されていた。一九枚の写真は「往路」「復路」の順番に添付されており、写真ごとに「（阪原さんが）ここでこう説明した」などの説明文が付けられていた。

弁護団が、これらの写真のネガの番号を調べたところ、ネガの順番が全く違っていること、ネガには、発見現場に行く「往路」の写真はほとんどなく、金庫の発見現場である到達点から、警察車両に戻ってくる「復路」で撮った写真ばかりだったことが判明した。

阪原さんが犯人で、現場を知っているならば、現場に向かう「往路」の写真を撮れば十分なのに、「往路」の写真がないのは何故なのか？　弁護団に疑問が湧いてきた。さらに調べると、現場に行く際に撮った「往路」とされた写真の何枚かが、現場からの復路に撮られたものであることも判明した。本当ならば警察車両に向かって戻ってくるはずの「復路」の場所で、阪原さんが反対側を向かされ写真を撮られていたのである。捜査官が帰りの復路で撮った写真を阪原さんが捜査官を現場に案内する往路の写真としてみせるため、ネガを入れ替えていたのだ。

再審請求審で弁護団が「裁判所に出す調書では、写真をどうやってチョイスしたか？」と質問すると、当時の捜査官は「写真はいっぱいあったので、机の上に（トランプの）神経衰弱みたいに並べて、行きか帰りか区別しないでチョイスした」「行きで撮り忘れたので帰りに撮った」などと証言したという。繰り返すが、阪原さんが現場を知っているならば、往路の写真だけで十分なのに、わざわざ帰り道で「行き」を装った演技をさせ、「阪原がこっちを指差した」などと嘘の説明を加えている。これは虚偽証拠ではないか。

検察はこれについて「行きか帰りかわからないほど、ぐちゃぐちゃに神経衰弱みたいに写真を並べてやったから、こうなった。虚偽ではない」などと苦しい言い訳で否定した。しかしこれは、偽証以外の何ものでもない。

なお、発見現場に案内した様子を写したネガは、金庫の発見現場のものと遺体の発見現場へ案内した際のものと二つあるが、両方とも再現は一回で終わらず、何度も繰り返していた。このことなどから、警察・検察が阪原さんに演技を指導し、練習させていた疑いも濃厚となってきた。

二〇一八年七月十一日、大津地裁（今井輝幸裁判長）は、「殺害方法」「金庫の奪取」「死体の遺棄方法」「被害者宅における物色」など事件のすべての「根幹部分」で信用性を認めることができないとし、阪原さんの自白については、多くの重要な点で客観的状況と矛盾しており、「信用出来ると認めるに足りる事情はない」と判断した。さらに阪原さんが「捜査段階から警察官による暴行や脅迫を受けていた」と供述した通り、連日の長時間の取り調べで精神的に追いつめられ、「自白」に追い込まれた可能性があると認めた。

こうした点を踏まえて、本件を阪原さんの犯行とするには「合理的な疑い」があるとして、再審開始（裁判のやり直し）を決定した。なお前述の引き当て捜査の実況見分調書については、このような調書は「事実認定を誤らせる危険性が多分にある」「不適切」とし、当時の捜査員について「厳しく非難されるべき」と弾劾した。

真犯人を取り逃がした滋賀県警こそ〝真の犯人〟

即時抗告した検察側の反論などが遅れ、大阪高裁での審理がなかなか始まらないなか、弁護団は新たな証拠を提出している。

一つは、事件が被害者の胃の内容物の状態から「食事後三〇分以内」に起きたとすることに対する反論書。もう一つが「阪原さんは警察官の誤認のもと、別の松の木のもとへ案内した」とする意見書である。改めて言うが、本件はどこでどう殺されたか、犯人が一人か複数かも含め、何もわからないまま進められたことに大きな問題がある。

「『見込み捜査』や『あいつが怪しい』という前に、この事件がいつどこで行なわれた、どのような事件かを客観的証拠に基づいて解明すべきです。それが捜査官の国民に対する絶対的な責務であると考えます。どこでどんな事件が起きたかが明らかになれば、次にそれを誰がやったのかという犯人性の解明にいく。事件性の解明が、これほどでたらめな事件はない」と伊賀弁護士は述べている。

滋賀県警は、いつどこで事件が起きたかわからないままに阪原さんを逮捕し、その人柄や特性などを巧みに利用し、無辜の阪原さんを「犯人」に仕立てた。その後の捜査で阪原さんが犯人でないことは十分に認識できていたはずなのに、事件性を改めて解明しようとはしなかった。真犯人を取り逃がした〝真の犯人〟は、滋賀県警なのだ。

検察や裁判所も、阪原さんが犯人でないことは、わかっていたはずだ。それなのに、警察・検察は事件性の解明という重要な捜査の原点に立ち返らず、阪原さんに罪をなすりつけ、裁判所は無期懲役の厳罰を下し、阪原さんと家族の関係を切り離していった。

「私は殺していません。（中略）今度こそ、まことの判断をお願いします。刑務所から出られるようにしてください。そして、家族と一緒に暮らせるようにしてください」（阪原さんの裁判所への意見書より）

裁判所には、阪原さんのこの悲痛な訴えが届かなかったのか。一日でも早く阪原さんと遺族に、再審無罪を言い渡せ！

大津地裁は、二〇一八年七月一一日、再審開始決定を出したが、検察が即時抗告したため、大阪高裁で審理が進められていた。二〇二三年二月二七日、大阪高裁（石川恭司裁判長）は、再審開始を認めた大津地裁の決定を支持し、検察の即日抗告を棄却する決定を言い渡した。その後、検察は最高裁に特別抗告した。

泉大津コンビニ窃盗事件

犯人に仕立てた「指紋」がその後無罪を証明した

土井佑輔さん

現在の日本では、検察に起訴されたら有罪率は九九・九％といわれるが、そこにこそ冤罪を生む構造がある。

二〇一二年、大阪府泉大津市で発生したコンビニ窃盗事件で逮捕・起訴された土井佑輔さん（当時二十一歳）は、逮捕から一貫して否認を続けた。警察に言われた通り認めれば、すぐに釈放され、裁判で執行猶予付きの判決が下される事案だが、やっていないことを認めるわけにはいかないからだ。

その後の刑事裁判で無罪判決が下されたが、土井さんの冤罪を晴らしたのは、土井さんが犯人とされる決め手となった「指紋」だった。なぜ、そんなことが起きたのか？

土井さんを逮捕・起訴した警察・検察の強烈な思い込み、決めつけ、捜査能力のなさ、更に、そうした警察・検察の責任を問わない裁判所の無責任体制など、日本の司法権力が抱える腐敗構造を検証する。

強烈な決めつけから始まった

二〇一二年六月一五日深夜二時三二分、ファミリーマート泉大津板原店で、商品の購入を装った男性が、店員がレジスターを開けた隙に現金一万円をつかみ取り逃走する事件が発生した。ひと月半後の八月七日、泉大津署は土井さんを突然、強盗罪で逮捕した。逮捕理由は、①店員が写真面割りで土井さんを犯人と特定、②監視カメラに映ったカウンターに置いた犯人の手が、土井さんの手と似ていた、③コンビニ入口のドアのガラス戸（店内から見て右側）から検出された指紋が土井さんの左手中指の指紋と一致したことだった（土井さんは過去に一度事件を起こし、警察に指紋をとられていた）。

逮捕までの一カ月半、警察は、指紋の一致などの証拠が出る前から、土井さんに前歴があることを唯一の根拠として予断をもって捜査を始めていた。六月二十七日、警察は土井さんの自宅と被害店舗までの直線距離や道路の最短距離などを調査し、八月二日にはコンビニ入口のガラス戸についた土井さんの指紋に関する報告書を作成している。

土井さんは、当時自宅で両親と姉と暮らしていたが、同店舗が自宅から近いため、普段からよく利用していた。指紋は別の日につく可能性も警察は推測できたうえ、ほかの客でもガラス戸に触れてつく可能性も十分にあった。実際、ほかの客がガラス戸に触れた映像があったにもかかわらず、報告書には「ほかの客がガラス戸に触るはずはない」などと書かれていた。そして、たった一つの土井さんの指紋を「事件当日、犯人がつけたもの」と決めつけ、土井さん逮捕の決定打とした。

警察のアリバイ捜査もずさん極まりないものだった。突然、逮捕された土井さんは、取り調べの当初、一カ月半前のアリバイを思い出せなかった。しかし、母の万里子さんがメモや携帯電話の履歴を調べ、当日、土井さんの友人Aさんが泊まりに来たことを思い出した。

その日、土井さんは、バイト帰りに大阪・梅田でAさんと待ち合わせ、関空快速で二二時三九分にJR和泉府中駅に到着、迎えに来た父・英史さんの車に乗り、途中、犯行現場となったコンビニでたばこなどを購入して帰宅。万里子さんが買ってきた寿司などを食べ、深夜〇時からテレビでヨーロッパサッカーの試合を観たり、Aさんとスマホ（iPhone）で写真を撮り合ったりしていた。〇時三二分からは、宮城県在住の知人Bさんと八分三三秒間、一時四六分にも再び六分一六秒間電話をしていた。

土井さんの逮捕後、それらのアリバイを説明するために、万里子さんとAさんが警察に赴いたが、警察は事情を聴くこともせずに二人を追い返した。その後、警察・検察はAさんから事情聴取はしたものの、供述調書も作成せず、裏づけ捜査も行なっていない。警察・検察は、宮城県在住の知人Bさんにも電話で事情聴取し、捜査報告書を作成したが、それは公判の最後まで隠し続けられた。

ずさんかつでたらめな捜査での逮捕・起訴

土井さんが逮捕された理由である先述の①〜③は、いずれも丁寧に検証すると「まともな捜査を尽くしたのか?」と呆れ返る内容だ。

①の写真面割とは、警察がランダムに並べた顔写真から、目撃者(店員)に犯人と思われる人物を選ばせる方法だが、そもそも店員が犯人を見たのは掴み合いをしたわずかな時間、しかもレインコートを着てフードをかぶり、マスクをつけた犯人の目の部分のみである。警察から一セット九枚の顔写真が添付された写真面割台帳を二セット示された店員は、一セット目には犯人はいないと述べ、二セット目にあった土井さんの写真を見て「犯人」と述べた。

しかし、前述したように、同店と土井さんの自宅は近いため、土井さんは普段から同店を何度も訪れている。そのため、店員が土井さんの顔を知っていても不思議ではないはずだ。その点について判決は、「店員は本件犯行前に被告人を二回見たことがあり、被告人が客であるという認識を写真面割した当時も有していたところ、この台帳には、被告人以外に知人の顔写真は貼られていなかったことが認められる。そうすると、知人であるということに加えて、面割台帳の中から比較的目元がぱっちりした被告人を犯人として誤って選んでしまった可能性がある」とした。

次に、犯人が逃走する際、ドアの右側ガラス戸に付けたとされる指紋が、土井さんの左手中指の指紋と一致した件については、指紋は、犯人が逃走する際に、ドアが開く速度が遅いため、手でこじ開けた際に付いたとされた。犯人の後方から撮影された映像では、犯人がどちらの手でこじ開けたかまではは っきりしないが、体をひねった無理な体勢で逆のガラス戸を掴むより、左手で左側のガラス戸を開けると考えるのが普通だ。また、犯人は盗んだ一万円札を左手に掴んでいたとされており、その左手で逆側のガラス戸をこじ開けたというのはあまりに不自然だ。

しかも警察は、指紋が事件当日についたものか、それ以前についたものかの慎重かつ科学的な捜査も逮捕時まで行なっていない。入手した監視カメラの映像を精査するという、捜査の初歩をまともに行なっていれば、ほかの客も店のドアを触っている事実、更には、実は事件の五日前にも、土井さんが同店を訪れ、本件指紋が検出された、まさに同じ箇所を触れていた事実を発見できたはずだ。

土井さんは逮捕時から一貫して否認しているのだから、検察はより慎重かつ科学的に、土井さんが犯人と疑うに足りる相当な理由が認められるかどうか判断すべきであった。しかし警察ばかりか検察もそれを行なわず、逮捕時の警察のずさんな判断を改めないまま、勾留請求を強行してしまった。

検察も起訴までの間に監視カメラ映像をすべて調べ、土井さんが事件の五日前の六月十一日に同店に入店した際、指紋が検出された場所を左の手のひらを広げて触った映像を確認していたはずだ。しかし、検察は、その事実を隠蔽し、映像を脱漏した報告書を作成したうえで、土井さんを無理やり起訴した。

そう考えざるを得ないのには理由がある。実は、検察は、裁判が始まって以降「十二日、店員がドアのガラスを薬品を使い清掃した」との調書を証拠として提出してきたからだ。清掃した店員の映像まで添付し「清掃で十二日前の指紋は消えた」とことさらに強調していた。「なぜ、わざわざ清掃の報告書が出てくるのか不思議でした」と、土井さんの弁護人を務めた平山正和弁護士が振り返る。しかし、当時は十一日の深夜に土井さんが同店に行き、ドアのガラス戸に触っていたことを、土井さんも思い出せてないし、弁護団も知らなかったのである。

一方の検察は起訴までの間に、六月十一日に指紋付着の事実、友人Aさんの来訪、Bさんとの電話履歴などアリバイの存在を認識していたため、無罪の可能性を危惧して被疑事実を「強盗」から「窃盗」に落として起訴した。弁護人の助言を受けて土井さんが黙秘を貫いたことも、検察を弱気にさせた要因の一つであろう。

「指紋の謎」が解けた瞬間

同コンビニの入口ドアに、土井さんの指紋がいつ、なぜ付いたかは、第一回公判が始まるまで謎だった。弁護団は検察に対して様々な証拠の開示を請求してきたが、肝心の監視カメラ映像については、当初はDVDではなく映像から抜き出した写真報告書しか開示されていなかったからでもある。

一方、検察の取り調べが最終段階を迎えたころ、検察官が土井さんに「六月十日から六月十六日までの間、コンビニのドアを素手で触ったことがあるか？」と聞いてきた。それも何度も何度もだという。「なぜそんなことを聞くのか？　その間にドアを触った映像があるのではないか？」と勘繰った土井さんは、弁護団に「六月十日以後のカメラの映像を調べてほしい」と訴えたのである。

このことが、弁護団が未開示だった六月十日以後の映像を開示請求するきっかけとなった。開示されたDVD映像を一コマ一コマ、母の万里子さんが死に物狂いで確認し続ける作業を行った。そしてついに、六月十一日、土井さんが同店に入店する際、広げた両手の左手でガラス戸に触った映像を発見したのである。「指紋の謎」が解けた瞬間であった。

土井さんを犯人とした指紋が、実は事件の五日前に付いたものであることが判明し、これが無罪の決定打となった。弁護団はその旨をもとに第二回期日で無罪を主張した。驚くことに検察は、自分たちの無能ぶりを恥じ猛省するどころか有罪を主張し、悪あがきのような抵抗を法廷で繰り返したのである。

以降の裁判では、十二日の清掃で指紋は消えないとの鑑識の報告書があるのに、「清掃で指紋は消えた」と言い張り、清掃した店員や清掃に使用した薬品関係に関する証人調べまで強行し、裁判を無駄に長引かせた。当然、その間、土井さんの保釈は認められないままだった。さらに検察は、左手で一万円札を掴んだまま、体をむりやりひねって逆側のドアをこじ開けるという、噴飯物で幼稚な再現実験まで法廷でやってのけた。

公判が終盤に至るころ、担当の副検事が交代した。新たに担当となった副検事はさすがに「これはまずい」と思ったのか、弁護団が求めてもいないのに自ら宮城県に出向き、事件当日に土井さんと電話で話したBさんの供述調書を作成し、電話録取とともに証拠提出した。

弁護団がその理由を電話で問いただしたところ、副検事は「土井さんのアリバイは否定できないと思います」、そして「無罪の論告をする可能性もある」と答えていた。

最終弁論直前の第十五回期日、弁護団がこの副検事とのやり取りを記した書面を提出した。

すると大阪地検岸和田支部・支部長検事が「そのようなやりとりの事実はない」と反論し書面の撤回を求めるという場面もあった。

報復のような厳刑求刑

このような経緯があったにもかかわらず、検察は第十六回期日で、土井さんに懲役二年六月という、一万円の窃盗ではありえない厳刑を求刑した。これは、警察・検察の執拗で強圧的な追及に負けず、頑なに否認を続けた土井さんへの報復ともいえよう。

論告求刑で検察は、指紋は事件当日に逃走する際に付いたもの、六月十二日の清掃で十一日の指紋は消えた、iPhoneに記録されていた通話時刻はアリバイ工作のため時間設定を操作して変えた、土井さんはAさんと写真を撮った直後の十三分間にコンビニに押し入り犯行に及んだなどと、およそ理解しがたい内容を主張した。

友人と寿司やマクドナルドのマックポークを食べ、好きなサッカーを視聴し、買ったばかりのiPhoneでふざけあって写真を撮りあうなど、週末を楽しく過ごしていたさなかの十三分間に、友人を放置してコンビニに窃盗に入るなど、ありえるだろうか？

実は、その後、真犯人が犯行一時間前の一時一八分ごろ、店の駐車場から店内をうかがっている映像が確認されていたことがわかった。真犯人は、一時五〇分に一度店内に入り商品を見るふりをしてすぐに退店、その後、再び駐車場に現れ、二時三一分に犯行に及んでいたのだ。つまり一時一八分から二時三一分までのアリバイが問題だったのだ。

しかし、土井さんには一時四六分、先述の宮城県のBさんと長めの電話をしているアリバイがある（その時間、ビデオに映った犯人は携帯で電話をしていない）。それでも土井さんが犯人というなら、友人Aさんを一三分どころか約一時間もの間、自宅に放置していたことになる。想像力の欠如どころか常識の欠如だろう。

なぜ、こんなでたらめがまかり通ったのか？

二〇一四年七月八日、土井さんに無罪判決が下された。逮捕からすでに二年が経過していた。その間、三回の保釈請求も認められず、三〇二日も、不当に長期拘留されていた。土井さんの書きのこしていたメモによれば、土井さんは警察に「人として基礎がなってへんのじゃ。お前みたいなもんが、何が黙秘や全面否定や。自分のケツくらい自分で拭けや」「俺は今、お前黙秘している態度に腹たっとるねん。わかってんかい、コラッ！」などと言われ、恐怖に陥り、自殺を考えたこともあったという。

逮捕前、土井さんは好きな音楽活動を本格的に進めるために入った音楽学校でレッスンを受けるなか、オーディションに合格、ダンスボーカルユニットとしてデビューする予定だった。

ところがその夢は、冤罪事件に巻き込まれたことでとん挫した。

土井さんは、大阪府警と大阪地検に謝罪を要求したが、回答がなかったため、翌年一月二十一日に、国家賠償請求訴訟を提訴したが、敗訴した。

事件の詳細を知れば知るほど、素人の筆者でさえ愕然とさせられる土井さんの冤罪事件だ。「なぜこんなことが起きたのですか?」。私の質問に平山弁護士はこう答えた。

「この事件では、思い込み捜査、想像力の欠如、捜査能力がない警察と検察の実態が明らかになったと思います。まともな捜査なら、逮捕前にカメラの映像をすべて調べ、五日前に土井さんが付けた指紋を見つければ、すぐわかる。でもそういうことをしないずさんさ、でたらめさ……。いったん逮捕したら、その後犯人でないとわかっても、組織を守るために証拠を隠蔽・捏造してもやるということ。冤罪事件はいつもそうしてつくられます」

自分のような冤罪被害者を二度と生んではいけないと、土井さんは現在、国民救援会岸和田支部を立ち上げ、活動を続けている。

息子の無罪を信じ続け、死に物狂いで映像から息子の姿を探し続けた万里子さんは、事件についてこう話していた。

「こんな理不尽なことがあるんだなって。日本の国ってこんなんだったんだ。幸せな国だって思っていたのは浅はかでした」

これは、ある日突然、冤罪被害者にされた、ほかの冤罪事件当事者や家族も、異口同音に語っていることでもある。冤罪をこれ以上生まないための仕組みや再審法改正などの法整備が、早急に求められている。

なお、二〇二二年三月四日、大阪府警は、この事件で、別の男性を窃盗容疑で書類送検したと発表し、一〇年前の土井さんの逮捕を誤認逮捕と認め、土井さんに初めて謝罪した。

長生園不明金事件

いまだ晴れぬ「野中王国」の闇

西岡廣子さん

長生園事件は、これまで本書で紹介したいくつかの事件同様、まだ再審などにたどり着けていない。しかし筆者が裁判資料を読み、犯人とされた西岡廣子さんらに話を伺うかぎり、ほかの冤罪事件と同様「これで西岡さんを犯人に出来るのか」と思えるような、不可解なことが多すぎる事件だ。

まず驚くのは、警察の物々しい家宅捜索を受けたのち、警察署に任意同行を求められた際の西岡さんの対応だ。理由は後述するが、「ああ、やっと来てくれはった」とほっとしたという。警察署への任意同行にこれほど素直に「ほっとした」と考える「犯人」がいるだろうか？

郵 便 は が き

料金受取人払郵便

西宮東局
承認
546

差出有効期間
2025年5月31日まで

6 6 3-8 7 9 0

兵庫県西宮市甲子園八番町2-1
ヨシダビル301号

株式会社 **鹿 砦 社** 行

◎読者の皆様へ

毎度ご購読ありがとうございます。小社の書籍をご注文の方はこのハガキにご記入の上、切手を貼らずにお送り下さるか、最寄りの書店にお持ち下さい。申込書には必ずご捺印をお願いします。

読者カード

お名前《ふりがな》	男・女	年生れ
ご住所 〒	☎	
ご職業 (学校名)	所属のサークル・団体名	

ご購入図書名　日本の冤罪

ご購読の新聞・雑誌名（いくつでも）	本書を何でお知りになりましたか。 イ　店頭で ロ　友人知人の推薦 ハ　広告を見て（　　　　） ニ　書評・紹介記事を見て（　　　　） ホ　その他（　　　　）
本書をお求めになった地区	書店名

本書についてのご感想、今後出版をご希望のジャンル、
著者、企画などがございましたらお書きください。

西岡廣子さんはなぜ犯人にされたのか？

長生園事件とは、一九九九年三月、京都府船井郡園部町（現在の南丹市）の社会福祉法人「長生園」で、過去六年間に約三〇〇〇万円の不明金が発生した事件である。業務上横領容疑で逮捕・起訴された元職員の西岡廣子さんに対し、二〇〇四年二月二十日、京都地裁（楢《なら》崎康英裁判長）は、懲役一年執行猶予四年の不当な有罪判決を言い渡した。西岡さんは一貫して「身に覚えがない」と無罪を主張したが、〇五年六月、最高裁で刑が確定した。

実は、不明金が発覚して以降、園内でただ一人、真相解明に奔走していたのが西岡さんだった。そんな彼女が何故園内で「犯人視」されたのか。事件が発覚してまもなく、西岡さんは自身に疑惑がもたれていることを知り、それを晴らすため京都府警園部署（現・南丹署）に捜査を依頼していた。しかし、警察は、全く聞く耳をもたなかった。

そんななか、一九九九年十一月十日、西岡さんに対し京都府警の強制捜査が入った。任意同行を求められた西岡さんは、「ああ、これでようやく話を聞いてもらえる」と安堵したという。

一方、刑事らは、西岡さんを逮捕した当初から頭ごなしに犯人扱いし、強引な取り調べを行なった。実は、警察は、その約半年前の九九年四月に、長生園から、西岡さんが犯人であることを前提に相談を受けており、八月に同園の告訴状を受理していたのだった。

逮捕の直接のきっかけは、園の利用者の支払った負担金一六万六七七〇円のうち六万七八九〇円しか入金されておらず、差額の九万八八八〇円を西岡さんが着服したとの容疑だった。身に覚えのない西岡さんは、これを否認した。すると警察は「(台帳の)筆跡鑑定も済んでいるのに、ええ加減にせんか」と机を叩いたり、「四月に(長男が)結婚するらしいな。お前がそれを認めんのやったら、おまえの主人の出自を相手のところにぶちまけて縁談を壊してやる」などと脅迫してきた(筆跡鑑定は裁判では証拠として出されなかった)。さらに、トイレに行かせてほしいと頼んだ西岡さんに「調書に署名したら行かせてやる」と言い、西岡さんは仕方なく署名してしまったのである。

副施設長らの不可解な動き

ことの発端は、九九年三月八日、西岡さんが、西岡季晃副施設長(以下、副施設長)から不明金の事実を知らされ、東古美津子施設長から調査を命じられたことによる。西岡さんが、片山栄治事務長が管理する仕訳伝票と入金台帳を比べたところ、入金台帳には記入されながら、仕訳伝票に記載されていない不明金が、総額で約三〇〇〇万円もあった。そのほとんどで、一件いくらの入金額が、そのまま全額、仕分伝票から消されていた。

翌九日、副施設長が西岡さんの自宅を訪れた。副施設長と西岡さんの夫・義男さんは遠い親戚で、日頃から家で酒を酌み交わす間柄だった。そこで副施設長は義男さんに「片山（事務長）の仕業や。廣子さんには関係ない。しかし、直接担当していたので、ちょっとの間、辛い目にあわすかもしれんけど堪忍してほしい」などと述べた。

「片山の仕業や」と言っていた一方で、副施設長は、三月十三日、前年の九八年度の不明金に相当する四〇三万円を用意し、東古施設長、杉森悦子事務主幹、西岡さんの面前で「これで穴埋めしてくれ。決算の前であり、決算を乗り切りたいので、私に任せてくれ」と片山事務長に手渡すということがあった。この時、ほかの職員が黙っているなかで、西岡さんだけが疑問に思い、「なぜ副施設長が穴埋めしなくてはならないのか」と訴えている。

副施設長は、その後の三月十九日にも「九六年と九七年の不明金の合計額（約一〇〇〇万円）を、私が所有する土地を売却して穴埋めする」と西岡さんに話した。「それはおかしい、警察へ届けるのが先ではないか」と強く意見する西岡さんに副施設長は「外部に出すつもりはない。内々で収めるつもりだ」と述べていた。

不可解な行動をとったのは副施設長だけではない。九八年度分の調査終了後、西岡さんは、東古施設長に九七年度以前の不明金調査を申し出たが、東古施設長は「副施設長と相談する」と言い、翌日に渋々調査を許可した。

東古施設長、西岡副施設長、片山事務長らが、西岡さんを疎んじはじめたのはこの頃からだ。

「電話に出るな」などと仕事を干すようなことも続いたが、西岡さんは夫に励まされ、出勤を続けた。当時の心境を西岡さんは「針のむしろに座らされた感じだった」と振り返る。

そして当初こそ、西岡さんに「ちょっとの間、辛い目にあわすかもしれんけど堪忍してほしい」（副施設長）などと言っていた同園の幹部らは、西岡さんが警察など外部機関での調査・捜査を求めるなかで、西岡さんを「犯人視」し始めたのだ。なぜなのか？　西岡さんの真相追求により不明金問題が外部に漏れたり、「真犯人」が明らかになることを恐れたのではないかと推測される。

当時、長生園には、園舎新築の計画があった。それゆえ「真犯人」が判明すれば、園の運営や新たな事業計画に支障をきたすどころか、理事長らの立場も危ぶまれると考えたのではないか。ちなみに同園理事長の野中一二三氏は、地元・園部町長（当時）であり、自民党・野中広務元内閣官房長官（故人）の実弟であり、西岡副施設長は彼ら二人の甥にあたる。

調査開始翌月の四月九日には、なくなった負担金に、西岡さんの義父母の分も含まれていたことをもって、東古施設長が西岡さんを園の事務室で追及している。「廣子さんが犯人であることは九九・九％間違いない。金さえ返してもらったら内々に収めるというてるのに、あんたも強情やなあ。（不明金問題を）外に出したら、あんたは自分の首を絞めるだけや」と声を荒げ、副施設長からは「帰れ！野中派の恐ろしさを見せてやる」と怒鳴られ、ものを投げつけられた。

西岡さんは仕方なく、その日は事務室を退出。翌日には、園から自宅待機命令が言い渡された。四月十一日、西岡さんと夫の義男さんは、野中理事長と園部町役場で面談し、「犯人扱いされている」と訴えた。当時は理事長も「(犯人扱いするなど)もってのほか」と言ってくれていた。

しかし、その時すでに長生園は、西岡さんを犯人視して園部署に相談していたのである。五月十日、西岡さんも再び義男さんとともに、同署の桐村憲明警部補と面談し、不明金の調査を要請した。その後も相談を続けたものの、園部署には全く話を聞いてもらえなかった。西岡さんは、ほかにも園部労働基準監督署、京都府高齢者福祉課、厚生省(当時)、会計検査院、長生園理事(船井郡の各町長)にも不明金の調査を訴えていた。一方、長生園は、七月二十日に西岡さんを諭旨解雇処分し、八月九日には約三〇〇〇万円の「業務上横領」で告訴した。

そして十一月十日、西岡さんは逮捕されたのである。京都拘置所での拘留は、翌年の三月十六日まで一二八日間にも及んだ。その間の十二月一日に業務上横領の容疑で起訴。ただし、前述のように起訴事実は「九万八八八〇円」の一件のみだった。

二〇〇〇年二月二十八日まで、西岡さんには接見禁止がつき、弁護士としか面会できない状態のなか、警察は前にも増して過酷な取り調べを続けたのだ。

長生園が組織ぐるみでデッチあげた「冤罪」

二〇〇〇年一月十三日から始まった裁判で、西岡さんは「一銭たりとも横領したことはない」と無罪を主張した。一方、京都地検は、西岡さんを九万八八八〇円の着服の件でしか起訴できなかったにもかかわらず、「一九九三年二月ごろから、短期入所の利用者負担金の支払いを確認する際に現金を取り扱い、帳簿を作成するという自らの業務に乗じて、帳簿を不正に操作するなどして、自らが預かり保管中の現金を着服横領することを、九九年七月に解雇されるまでの間繰り返し、不明金は三〇〇〇万円に上った」との驚くべき冒頭陳述を行なった。

これに対して弁護人が、九三年ないし九七年の入金台帳及び仕分伝票の証拠開示を求めたところ、検察官はその部分を撤回し、立証を放棄したのである。

長生園が西岡さんを約三〇〇〇万円の横領で告訴しながら、検察官は九万八八八〇円の一件でしか起訴できなかった時点で、西岡さんが長年にわたって負担金を着服・横領したという構図は崩壊している。しかし長生園幹部らは、公判で口々に「約三〇〇〇万円の不明金の原因は西岡さんだ」と証言したが、その後の裁判で、長生園幹部らの証言が虚偽であったことが、次々と暴かれていった。

たとえば職員で生活指導員のA氏は「利用者の家族から負担金を受け取り、西岡さんに渡した」と証言したが、判決では「Aの供述は、ほかの生活指導員の供述と食い違ううえ、仮にAの供述通りであれば、被告（西岡さん）が事務室にいない場合は、利用者の家族は領収書を受け取れずに、三〇分、一時間程度被告を待つこともあるため、そのような方法がとられていたとは考え難い」（要旨）と、その信用性が否定された。A証言と口裏を合わせる東古施設長の証言も、西岡さんが提訴した別の民事事件の証人尋問で、虚偽だったと認定された。

またB生活指導員も、別の利用者の負担金について「（利用者の）娘から預かり、事務所内で廣子に渡した。廣子以外の者に渡したことはない」と証言していたが、その後、その利用者は、九八年から九九年二月十六日までの間に五回短期利用したが、うち二回は西岡さんではなく、杉森事務主幹が入金日欄に記入したと認めた。さらにA・B両生活指導員の「廣子に渡した」旨の証言を補強する、「ほかに事務職員が確認した」などの証言も、のちに「確認したことはない」と否定された。

突然見つかった入金台帳の書き換え

利用者の負担金を西岡さんが受け取ったことが証明されなかったのだから、起訴事実となった九万八八八〇円の不明金を西岡さんが着服・横領した事実はあり得ず、この時点で西岡さんは無罪となるべきだ。

しかし、警察・検察は西岡さんを有罪とする別のルートを考えたようだ。それが、不可解な形で発見された「九万八八八〇円」をめぐる入金台帳の数字の書き換えだ。

この書き換えは、利用者負担金の事務を扱う者が一目見たらわかる間違いなのだが、三月から始まった調査では、西岡さんはじめ、ほかの職員らも気づかなかったのに、八月に突然〝発見〟された。しかも、このような重要証拠について、警察官・検察官は供述調書を作成したり、証拠保全のための写真撮影すら行なっていない。何故なのだろうか？

前述のとおり、「九万八八八〇円」とは、負担金一六万六七七〇円のうち六万七八九〇円しか入金されていなかった一件における不明金（差額）である。逮捕後に、この件を執拗に問われた西岡さんは「私が犯人だったら、全額か、（区切りのいい）一〇万円を取ります」と話している。調査する過程で、全額まるまる着服する犯人の手口を知っていたからだ。そもそもお金の入った封筒から九万八八八〇円を抜き取るには両替が必要だし、片山事務長、杉森事務主幹の目の前に座り、一三人の職員が常時勤務している事務室で、それが可能かどうかもはなはだ疑問だ。しかし、こうした事実に関しては、警察は取調べを一切行なっていない。

長生園では、大事な入金台帳に、いくらでも書き換え可能な鉛筆などで記入する杜撰な状態が続いていた。西岡さんが取調べで見せられた際の台帳にも、書き換えられた形跡がみられたという。

裁判所は、問題の書き換えについて、推測に推測を重ねたうえで、西岡さんが行なったものと認定し、彼女を犯人としたのである。そして、これだけ重要な証拠が警察により押収されたのが十一月五日、捜査着手から半年後だったことも不可解だ。

鉛筆書きの入金台帳のほかにも、長生園では長期にわたり、経理や現金管理で杜撰な体制があった。利用者から受け取った負担金の扱いもそうだ。西岡さん以外の職員らから片山事務長に渡されることもあるが、入金を証明する入金伝票等もなく、現金授受の管理は極めて不透明だった。また毎日の現金の出入りを記載する現金出納帳も作成されず、金庫に保管された金は、定期的に銀行に入金されることなく長く金庫に置かれていた（長生園が口座を持つ京都銀行の担当者は毎週火・水・金の三回集金に訪れていたが、九八年四月〜二〇一一年三月までの間、一三〇回のうち片山事務長が入金した回数は五分の一の二七回だった）。

さらに驚くのは、片山事務長が管理する金庫の鍵が、机の引き出しにハンカチに包んで無造作に置かれていたことだ。副施設長が片山氏の机を開け、鍵を持ち出すのを目撃した西岡さんが、後日、片山氏に「なぜそんな場所に置いておくの？」と注意したことがあった。すると片山氏はこう言ったという。「副施設長のためや」。

不思議なことに、裁判は、最終的にこの入金台帳も証拠として提出されずに終了した。さらに不思議なのは、事件発覚時から、不明金を穴埋めするなどした副施設長が、警察の事情聴取も受けず、裁判でも証言していないことだ。京都府警や地検は、なぜ副施設長に話を聞かなかったのか？「片山の仕業と考えたのはなぜか？」「なぜ個人で穴埋めしようとしたのか？」と聞く必要があったのではないか。

当時、長生園には、この副施設長の専権事項である短期利用料という収入があり、これが「自由に使える収入」として扱われてきたという。副施設長の叔父であり理事長の野中町長も、町議会で「金庫の金は横に動く」(自由に動く)と答弁し認めている。ならば、副施設長に、横流しされた金の使途を聞くべきではなかったか？

裁判所は結局、長生園幹部らの言い分をうのみにし、三〇〇〇万円不明金事件の原因を西岡さんひとりになすりつけてしまった。犯行日時・場所・動機・直接の証拠や目撃証言なども一切ないままに。

最高裁で確定した西岡廣子さんに対する有罪判決は、事実誤認の不当判決であり、裁判をやりなおすべきだ。

またこの刑事裁判と並行して争われた民事裁判では、〇七年に「九万八八八〇円」の一件を含む八件七九万八三〇円の損害賠償が命じられ、西岡さんは利息を加えた一一三万六七〇円を、すでに長生園に支払った。

翌年、長生園は、「元職員による横領事件結審に伴う会計処理について」なる文書を野中理事長名で南丹広域振興局に提出し、西岡さんの賠償分を差し引いた二八六三万一七〇三円を「特別損失」として会計処理したいと行政の指導を求め、京都府のお墨付きを得て会計処理した。

問題は、西岡さんが着服・横領したと認められなかった二八六三万円の不明金（全体の約九六・二％）が、税金で穴埋めされたということだ。長生園自身が内部調査を行ない、真相解明する責任があり、京都府は指導・監査しなければならない。そうせずして、「野中王国」の闇は晴らせないだろう。

神戸質店事件

追加証拠なしに逆転有罪「小倉コート」の悲劇

緒方秀彦さん

日常生活の中で、見ず知らずの人に道を聞かれたり、食堂や公園などで偶然隣合わせになった人と話をすることがある。「神戸質店事件」の犯人とされた緒方秀彦さんは、偶然立ち寄ったたばこ自動販売機の前で、店主に声をかけられた。店主は、その日何者かに殺害される。一年十カ月後に、殺人現場に残されていた指紋と一致したとして、緒方さんは逮捕された。

一貫して無罪を主張した緒方さんに、〇八年六月、神戸地裁（岡田信裁判長）は無罪判決を下した。しかし一年後の九年九月、大阪高裁（小倉正三裁判長）は、無期懲役の逆転有罪判決を下した。その後、最高裁で上告は棄却され、有罪判決が確定した。一審と全く同じ証拠で有罪判決を引き出した大阪高裁判決は正しかったのか？

偶然出会った緒方さんと被害者

二〇〇五年十月十九日午前八時半ごろ、神戸市中央区の質店店主（当時六十六歳）が、店奥の居室で血まみれで倒れているのを家族が発見した。頭部を二八回殴打され、粉砕骨折から脳挫傷を起こし死亡する凄惨な殺害事件だった。未解決のまま二年を迎えようとしていた〇七年八月、スピード違反の反則金の不払いで検挙された、神戸市の電気通信設備工の緒方秀彦さん（当時四十六歳）が「強盗殺人事件」の犯人として、兵庫県警に逮捕される。

きっかけは、検挙された際に取られた指紋と殺害現場に残された指紋が一致したからだった。さらに、現場に残された靴跡が、緒方さんの自宅にある靴と一致したこと、事件当日の夜八時三〇分頃、現場で不審者を目撃したという人が面割りで「犯人と緒方さんが似ている」と証言したことで、緒方さんは起訴された。

取り調べ当初、緒方さんは、被害者のことをまったく知らないと供述していた。当然であろう。緒方さんが被害者と会ったのは一年十カ月も前のことだ。しかも、その日、緒方さんと被害者は質店そばに設置されたたばこの自販機前で偶然に出会って、話をした程度の関係だからだ。

取り調べの過程で、警察から、被害者の家に立ち入ったことを示す先述の証拠が示されるや、緒方さんは徐々に記憶を喚起させ、当日の供述を始めたという。そこでは、初対面の被害者の特徴、会話の内容などが非常に詳細に語られていた。

以下は、一審判決の緒方さんの供述要旨である（一部要約。カッコ内は筆者による）。

＜平成17年10月18日ころのまだ明るい時間帯に、たばこを買いたいと思って、車で走っていたら、本件たばこ屋の西側に自動販売機を見つけたので、たまたま立ち寄った。そのとき買おうとしていたたばこは、ケントマイルドの9ミリという記憶である。探していたたばこがなかったのか、自販機の前で何を買おうかと躊躇していると、自販機の左の方向から被害者が出てきて、「何探してんねん」という感じで声をかけてきた。被告人が当時吸っていたたばこの銘柄をいうと、被害者は「ちょっと待って。見てくるわ」と言って戻っていった。被害者が本件たばこ屋、本件マンション、本件質店のいずれの出入り口に戻って行ったかは覚えていない。

しばらくすると被害者が「これでも吸うときいな」といって、被告人が言った銘柄とは違うたばこを2箱もってきたので、被告人はそれを買った。当時被告人は、（被害者が）酒臭く異常に大声で朗らかで、足をひきずっていたことを覚えている（被害者は当日昼過ぎから知人とビールを飲んでいた。また被害者は、脳梗塞の後遺症で足が不自由だった）。被害者からたばこを買ったあと、被告人がケーブルや脚立などを載せた車のハッチを開けていると、被害者から「兄ちゃん、電気屋さんかいな」と聞かれたので「いや、僕ら弱電いいまして、インターホンとか、放送設備とか、防犯カメラの取り付けとか設計とかやってるんです」と説明した。すると被害者が、幹線沿いのたばこ屋南面の軒下を指さし「こんなところにカメラつけれるやろか」と聞いてきたので「ああ、ここつきますよ」と答えた（以降、被害者は次々と緒方さんに防犯カメラの設置に関する質問を行ない、それに対して緒方さんが答えていたところ、その後質店店内に招き入れられ、室内で素手のままメジャーで寸法を測ったりしながら、設置場所を確認していった）。

配線については、屋外も見に行った。屋外に出るとき被告人は被害者に「建築図面があったら出しといて」というようなことを言った。屋外を見て回ったときは、懐中電灯は使わず、明るかった記憶がある。

外を見に行って、もう一度本件居室に戻ってきたとき、被害者はベッドか椅子に靴を脱いで座っていたので、被告人も靴を脱いで上がった。このとき被害者は座ってビールを飲んでおり、被告人に対し「こっち来て飲みいな」といって、コップにビールをついでくれた。被告人はコップに2、3杯くらいビールを飲み、たばこも6本から8本くらい吸った。ビールを飲み、タバコを吸いながら、防犯カメラの話もしたが、途中からは被害者の自慢話が始まった。被告人は、防犯カメラの設置については簡単だと考えて、その旨被害者に言ったが、被害者から、隣の電気屋さんに何か今頼んでいるというようなことを言われたので、防犯カメラに関してはそのままうやむやになった。〉

長々と引用した緒方さんの供述要旨から、読者の皆さんはどう判断するだろう。これが「金銭目的」で被害者宅に押し入り、頭部を二八発も殴打する残忍な殺害行為を起こした人物の供述と思えるだろうか。

緒方さんの無実を証明する証拠

昼間から知人とビールを飲んでいた被害者は、知人と別れたのちもほろ酔い気分のまま、偶然通りかかった緒方さんに出会い、電気屋と知るや、設置しようかと考えている防犯カメラについて聞きたくなり、緒方さんに話しかけた。緒方さんも仕事のため、設置場所などの相談に応じていたが、ビールをご馳走になった過程で、被害者の自慢話が始まったり、カメラについては懇意にしている隣の電気屋にも相談中と知り、話はうやむやになったまま終わった。

これが逮捕の一年十カ月前、偶然に緒方さんが被害者と過ごした三〜四十分間の内容だが、つじつまの合った、よくある話ではないだろうか。

一方、警察・検察は、緒方さんを強盗殺人罪で逮捕・起訴したが、そこには不可解・不合理な点が多すぎる。被害者は大量に出血しており、室内の壁や天井にまで多数の血痕が付着し、手提げ金庫・造り机のノブ・受話器のコードなどにも血痕が付いていたにもかかわらず、殺害現場に残された緒方さんの指紋や靴跡などからは、血液反応は一切検出されていない。これは、緒方さんの供述要旨の通り、当日の緒方さんと被害者の関係が非常に平穏であったことを示す証拠ではないか。

目撃者の証言も、髪型は一貫して「スポーツ刈り」としており、緒方さんの「縮毛で額に垂れた」髪型とは明らかに違っている。服装も証言では「黒っぽいスポーツウエア」とされたが、大阪高裁の判決通り、緒方さんが「営業を装って店内に入った」のであるならば、常日頃緒方さんが仕事着とする「薄緑色の作業服」のはずだ。証言者も「(するどい)目つきは似ているが、「髪型は違う」と繰り返し供述している。

また「金銭目当ての強盗」というものの、盗られた(と思われる)金額は、被害者のズボンのポケットに入っていた一万円のみだ。被害者は、常日頃から財布を持たず、お金をズボンのポケットに入れていたが、初対面の緒方さんにそれがすぐにわかるものだろうか?

殺害方法が頭蓋骨を粉砕するなどの凄惨な方法であることから「怨恨」が疑われたが、緒方さんの周辺から、被害者に結びつくものは見つからず、事件当日が初対面であることから、緒方さんが被害者にそれほどの「怨恨」「恨み」を抱くとは到底考えられない。事件現場の状況や間接証拠のどれをとっても、緒方さんを犯人とするものがみつからないのだ。〇九年六月、神戸地裁はたばこや靴などの現場の遺留物は、防犯カメラの取り付けの相談に入った際に置いてきたものとの緒方さんの証言と矛盾しないこと、目撃者の面割は警察官に誘導された可能性があることなどを指摘し、自白も凶器もなく、緒方さんを犯人と結びつける証拠はないとして、緒方さんに無罪判決を言い渡した。

なお事件現場に残されていた、緒方さんの指紋がついた青いファイルも証拠とされた。しかしその中に綴られていたのは建築確認関係の書類で、緒方さんが財物などを物色していたことを示す証拠とは言い難く、防犯カメラの捕捉範囲を検討するために見た可能性があると、神戸地裁は至極まっとうな説明をしている。

しかし、一年後、大阪高裁の小倉正三裁判長は緒方さんに「無期懲役」の逆転有罪判決を言い渡したのである。そして一一年十二月、最高裁は上告を棄却。現在、緒方さんは岡山刑務所に服役中である。

同じ証拠で逆転有罪判決

大阪高裁でこの事件を担当した小倉裁判長について、布川事件の冤罪被害者・桜井昌司さんは、「最悪の出会い」と自身のブログ(「桜井昌司の獄外記」)でこう書いている。

「ハッキリ言って、全く真実を見抜く目がなくて、たくさんの冤罪をつくっている男だ。とにかく検察の言いなりで、被告とされた人を有罪としか考えない。検察の大きな主張の矛盾には寛大だが、被告の小さな矛盾は絶対に許さない。裁判員によって無罪にされた事件が、かくもアッサリと有罪にされるならば、果たして裁判員裁判はなんだということになるのだろう」。『裁判官の品格』（現代人文社）などの著書があるジャーナリスト・池添徳明氏も、「非常に形式的でろくすっぽ証拠調べもしない。検察が起訴したんだから有罪だと決め打ちする〝小倉コート（法廷）〟にひっかかったらもうダメ、それが大阪の弁護士たちの共通認識だった」

と痛烈に批判している。

確かにその通りだった。このような重大事件であるにもかかわらず、小倉裁判長は控訴審で、緒方さんへの本人尋問も行なわなかった。さらに、検察官から新たな証拠が出たわけでもないのに、「指紋とたばこの吸い殻、靴跡の一致は犯人の証拠だ」としたうえ、緒方さんが事件当日、被害者と出会った時刻や被害者の行動などを正確に覚えていなかったことを理由に、緒方さんがうそをついているとして原判決を棄却し、逆転有罪の無期懲役とした。

小倉裁判長は判決文で、緒方さんが被害者と出会った時刻を、「午後二時から三時ころ」と供述した点について「事件の供述をあいまいにするためにした弁解」と決めつけた。この時刻だと、被害者は知人と一緒だったからだ。しかし、何度も言うが、一年十カ月前の、しかも、緒方さんにとってとりたてて特別な思い出として残る出来事でないのだから、「二時から三時ころ」か「昼間のまだ明るいうち」かの違いが生じるのは当然ではないか。

また高裁判決は、緒方さんが当時「負債を抱えて、首の回らない状態で」「営業に走り回っていた」のであるから、「被告人のほうが本件質店に飛び込みで入り、被害者に防犯カメラの売り込みをすることはあり得ても、被害者のほうから見ず知らずの被告人に相談するとは考え難い」としている。

しかし、飛び込みで防犯カメラの売り込みに入った緒方さんが、断られたからといって、その腹いせに被害者を鈍器で二八回も殴打し、わずか一万円を盗み、犯行現場に緒方さんとわかるたばこ・指紋・靴痕などを残して逃亡するだろうか?

しかも一万円では緒方さんの「首のまわらない状態」は解消できないであろうが、その後、緒方さんが同様の犯行に及んだ形跡はない。犯行当時の緒方さんのブログを読んでも、日ごろと変わらない、あり触れた日常が綴られているだけだ。

殺害後、大量のたばこを吸い、現場に残る犯人とは?

殺害現場のテーブルの上には、緒方さんの血液型が検出された、大量のたばこの吸い殻が残されていた。

これについて地裁判決は「被告人が犯人であると仮定した場合、本件のような重大な犯行を犯したばかりの陰惨な現場で、これだけの量のたばこを吸って現場にとどまり、しかも丁寧に灰皿の中に吸殻をためておくということは、わざわざ証拠を現場に残すような行為で、容易には想定しがたい事態」「被告人が犯人であると仮定した場合、多くの吸い殻を犯行現場に残したことの説明がつかない」とした。しかし、高裁の小倉裁判長はこれについて、「犯人が犯行現場で常識的に行動したり、理性的に行動できたりするとは限らないのであり、結果的に証拠となるものを犯行現場に残しておくことは想定し難い事態ではない」とした。

緒方さんが、現場でどれくらいのたばこを吸ったのか？　緒方さんの支援者が、吸い殻から吸った量を計算したところ、合計約四〇センチもの長さがあった。これだけの長さのたばこを吸うのに費やされた時間はどれくらいだろうか。いずれにしても、そのような長時間、血なまぐさい凄惨な犯行現場、惨殺した被害者のそばに留まる殺人犯がいるだろうか？　そもそも事件当日、犯行現場で履いていた靴を、証拠隠滅のために破棄もせず、二年近く残しておく殺人犯がいるのだろうか。検挙される恐れがあるにもかかわらず、スピード違反のわずかな反則金を払わない殺人犯がいるのだろうか。

このように、緒方さんを質店店主殺害事件の犯人とする場合、つじつまのあわないことが多すぎるが、裁判長を退任後、旧勲二等にあたる勲章まで授与された小倉元裁判長は、これらをどう説明するのだろうか？

被害者の「自慢話」を緒方さんはいつどこで聞いたのか？

捜査の段階で、遺体があった質店の預かり品や貴重品などのある奥の居室に被害者は、限られた人しか入れなかったことが判明している。通常の業務は、質店のカウンター越しで行なわれていた。緒方さんの靴跡やたばこが奥の居室にあったことで、緒方さんが犯人とされたが、高裁の言うように「飛び込みで防犯カメラを売り込みにきた」ならば、当然緒方さんもカウンター越しに対応されるはずだ。しかし、緒方さんは、被害者の女性関係の「自慢話」まで聞かされている。プライバシーの問題があるため、詳細は書けないが、裁判でも証言された内容は赤裸々な被害者の女性問題で、質店に普通に訪れた客が、カウンター越しなどで気軽に聞けるような内容ではない。それを、事件当日初めて被害者と対面した緒方さんが知っていること自体、普通ならありえない話だが、昼間からビールを飲んでいたため、「異常に声が大きく、朗らか」になっていた被害者が、気をよくして居室に招き入れた緒方さんに、酒の勢いを借りてぽろりと話してしまったと考えても不思議はない。小倉裁判長は、この被害者の自慢話を、初対面の緒方さんが、どこで聞いたというのだろうか？　まさに「非常に形式的でろくすっぽ証拠調べもしない。検察が起訴したんだから有罪だと決め打ちする〝小倉コート〟」そのものだ。

ずさん極まりない小倉コートで、無実のまま獄中に囚われた緒方さんに、一刻も早い再審開始が望まれる。

姫路・花田郵便局強盗事件

ずさんな証拠改ざんの根底に警察の人種差別

証拠写真をマジックペンのようなもので加工する、証拠ビデオテープにノイズ（砂嵐）を入れる……。これほどずさんな証拠改ざん・偽造が山積みの冤罪事件が、ほかにあるだろうか？しかも、令状なしの事情聴取をはじめ、取調室で一夜を過ごさせるなど、人権無視も甚だしい。このような蛮行がまかり通るのは、被疑者が外国人、しかも黒人だからと蔑視しているからだ。長引く刑事裁判に、ジュリアスさん（仮名）と家族は、国際的な専門家の力も借り闘っている。

まるで中世のような日本の刑事司法に抗い、奪われた尊厳を取り戻し、家族がともに暮らせるために――。

地元で信頼を得ていたジュリアスさん

二〇〇一年六月十九日、午後三時一〇分頃、兵庫県姫路市内の姫路花田郵便局に目出し帽・雨ガッパを着た二人組が強盗に入り、現金約二二七五万円を強奪した。目撃者の話から、兵庫県警姫路署は一時間後、郵便局近くの倉庫で現金や車両、目出し帽などを発見した。その後、倉庫を借りていたナイジェリア国籍のジュリアスさん（仮名、当時二十五歳）を拘束し、強盗容疑で深夜まで取り調べ、翌朝に逮捕した。その際、ジュリアスさんへの取り調べ及び倉庫の捜索令状はなかった。

翌日、ニュースで事件を知ったジュリアスさんの従兄弟で一緒に働いていたナイジェリア人男性のDが、池田崇志弁護士に伴われ警察に出頭した。

Dは「自分は（ナイジェリア人の）オースティンと二人で金を奪ったが、二千万円を超える大金だったので急に怖くなり倉庫に隠した。ジュリアスは関係ない」と自供した。犯行後、ジュリアスさんの倉庫に現金などを隠したことについては、ジュリアスさんに相談しようと倉庫に行ったが不在だったため、現金などを倉庫に隠した、オースティンが逃走に使えないよう、車のナンバープレートを焼いたなどと供述した。

「盗んだ金が大金で怖くなった」「ジュリアスに相談」……読者は何のことかと疑問に思うだ

ろう。説明しよう。ジュリアスさんは、かつて同地区で黒人によるレイプ事件が発生し、大勢の黒人男性が捜査対象となった際、仲間と相談し、警察の捜査に協力して容疑者を検挙したことがあった。そのことから地元警察にも信頼されており、郵便局強盗事件後も、すぐに警察からジュリアスさんに連絡がきたほどだ。

Dも、事件後、池田弁護士に連絡した際、開口一番「自分は強盗を行なった、非常に怖い。それ以上に怖いのは、今警察に捕まっているらしいジュリアスは無実である（こと）」と話し、無実の仲間に罪を被せてしまうことを非常に恐れていた。そして「（地域や警察から信頼を得ている）ジュリアスの力を借りて、奪った金を返そうと思った」とも語った。

犯行時、近くでジュリアスさんを見たとの目撃情報があったが、そもそも一帯はジュリアスさんの家や仕事場、知人宅などがある生活圏だ。事件のあった午後三時前後、ジュリアスさんは、少し前に自宅に寄って義理の祖母と会話し、その後すぐに自宅近くの知人宅に寄ったと犯行を否認していた。知人も「一五時のCNNニュースのときにジュリアスが来た」と供述していた。しかし検察は、Dとともにジュリアスさんを起訴した。

次々と明らかになった証拠の改ざん・偽造

公判で検察は、犯行に使われた車はジュリアスさんのもので、犯行後に奪った金などを隠していた倉庫はジュリアスさんにしか開けられないとして、彼を実行犯の一人だとした。しかし、その後の裁判では、すぐに嘘とわかる子ども騙しのような証拠が次から次へと明らかにされた。

①警察は「近くでジュリアスさんを見た」との通報をもとに倉庫に出向いていたが、裁判で警官は、倉庫の隙間から覗いたら中に車が見えたので、倉庫の左横の窓から入ったと証言した。しかし警官が入ったという左横の窓は半分が鉄格子、半分は内側にある資材運搬用エレベータで塞がれているため、人が入れる状態ではなかったことが判明した。また、検察が、倉庫を開けられるのがジュリアスさん以外いないことを有罪の前提にしているため、「正面の大きな扉は鍵がかかっていて入ることができなかった」とも証言した。

一方、ジュリアスさんは、日中は倉庫の鍵をかけずに開けっ放しにしていたと証言していたし、再審請求審では、倉庫所有者の奥さんの「倉庫は扉が開きっぱなしになっていたことがある」と述べた陳述書も新証拠として提出された。

②Dが共犯者と供述したオースティンについて、検察は当初、「オースティンという人物は存在せず、すべてが作り話である」と決めつけた。さらに「フライディ」なる人物による、「倉庫は第三者が立ち入りできなかった」「オースティンといった人物の存在を聞いたことがない」などと、ジュリアスさんの主張をことごとく否定する供述調書まで作成していた。しか

し、のちにこのフライディの調書に捺された指紋が別人のもので、供述調書が偽造されたものであることが判明した。

一方逮捕されたジュリアスさんは、事件のひと月前、オースティンが自動車でスピード違反事故を起こしたことを思い出し、オービスに残っているオースティンの画像を入手させた。取り調べでジュリアスさんが見せられた、その画像は、少しボケてはいるものの、黒人というほかにジュリアスさんとの共通点はなかった。しかし、裁判で提出された写真には、坊主頭のオースティンの頭に、黒いマジックのようなもので何か書き足した跡が確認できた。そう、事件当時ドレッドヘアだったジュリアスさんに似せるように髪型を〝加工〟したのである。

フィクションでもあり得ない方法だが、これについて弁護団は再審請求審で、ＢＡＨＩＤ（イギリス人物同一性判定協会）のＫ・Ａリンジ氏による「写真の頭の左側の部分が加工されている」とした鑑定書を新証拠として提出した。

③警察は、犯人の血液型はＢ型であるとし、ジュリアスさんの唾液を鑑定したところ、同じＢ型だったと伝えていた。ところがのちに、ジュリアスさんの血液型がＡＢ型であることがわかった。警察がジュリアスさんに自白させるために、わざと「血液型が一致した」と嘘をついた可能性がある。再審請求審で弁護団は「ジュリアスが捜査官から聞かされていたよう

に、『犯人の血液型がB型である』ことを証明する鑑定書などがあるはずだ」と証拠開示を求めたが、開示されなかった。

前述のジュリアスさんが事件後訪ねた知人の証言も「三時のCNNニュースを見た」が「四時のCNNニュース」に改ざんされるなど、ジュリアスさんが犯人でない証拠はことごとく改ざん・偽造・隠蔽されたのである。

　なかでも筆者が最も悪質と感じたのは、犯人らを映した郵便局内の防犯カメラ画像に施した工作だ。午後三時一二分三三秒の侵入から、犯行を終え出ていく一三分四八秒

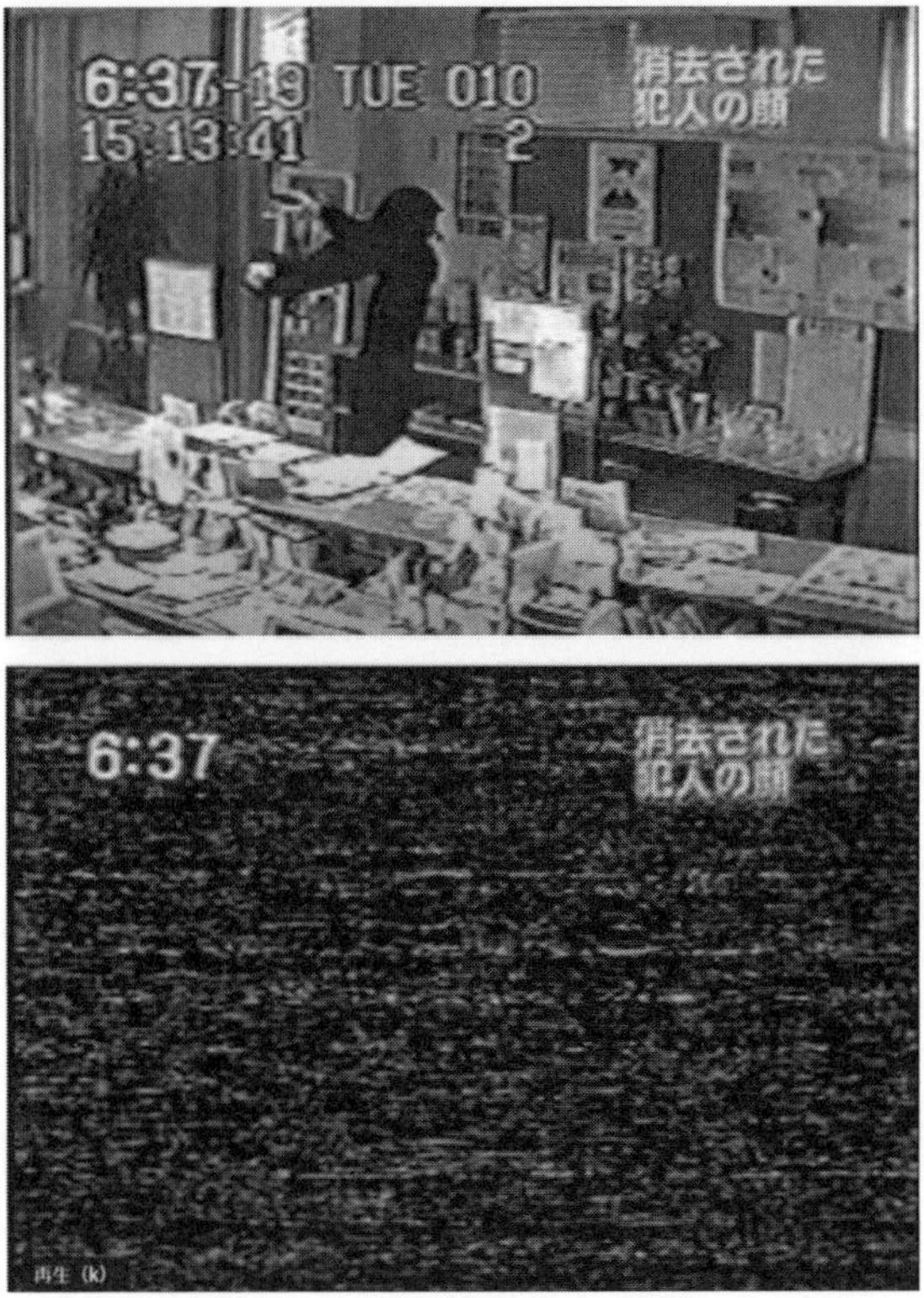

犯人の一人が帽子を脱ごうとした瞬間、画面は砂嵐に

までの一分一三秒のビデオテープには、犯人の一人が暑くなったのか、目出し帽を脱ごうとした瞬間や、出ていく際の三カ所が切断され、ノイズ(砂嵐)が入っている。これに関して検察は、郵便局から押収したビデオテープに最初からノイズが入っていたと説明し、法廷では「マスクを取ろうとしている直後に砂嵐が入って映っていませんでした。それでとても残念だったことを覚えています」と白々しく証言した。

専門家によれば、このように数秒単位でノイズが入ることはあり得ないという。しかも検察は重要証拠であるビデオテープの原本を「廃棄した」というのであるから、よほど見せたくない画像が映っていたに違いない。

ジュリアスさんに迫る「国外退去」

○四年一月、神戸地裁姫路支部(小倉哲浩裁判長)は、ジュリアスさんに懲役六年を言い渡した(Dは懲役四年六月が確定、服役後国外退去)。検察は、ジュリアスさんを犯人とした最大の理由について、ジュリアスさんの関与なしに倉庫で証拠隠滅をするのは容易ではないとし、強盗に使った車両もジュリアスさんのものと断定した。これに対してジュリアスさんは、「車は輸出用に買ったものだが、事件当時はすでにオースティンに転売していた。倉庫は、日中は施錠していないことが多く、日ごろここに出入りしていたDもオースティンも自由に使えた」と主張していた。

ほかにも犯行現場に残された靴跡のサイズは二六・五センチで、ジュリアスさんの二八・五～二九センチとは全く大きさが違うこと、事件当時、ジュリアスさんは膝を痛め「左膝内側半月断裂、左大腿骨内顆骨壊死」と診断され、事件から一週間後の六月二十六日に手術予定であったため、写真（一四〇ページ）のように、身軽にカウンターに飛び乗ることなどできない状態だったこと、またジュリアスさんは当時、小さな貿易会社を設立して事業も順調であったうえ、日本人女性と結婚しており、事件の五日前に念願の永住権を得ていることなどから、家族と離れ離れになるような犯罪を犯すことなどあり得ないと主張した。しかし、判決はジュリアスさんの犯行の動機を説明することはなかった。

ジュリアスさんは、その後の控訴・上告も棄却され、〇六年四月に刑が確定、神戸刑務所で服役し、〇九年一月に出所した。

出所したジュリアスさんには退去強制命令書が執行され、身柄は神戸刑務所から大阪入管の収容施設に移された。その後の処分取り消しを求める裁判で、ジュリアスさんは仮放免という措置で拘禁を解かれたが、裁判所は「有罪判決が事実誤認であることを当該外国人が立証すべき」と、事実上、ジュリアスさんに無罪立証を求めた。

ジュリアスさんと家族にとって、再審無罪を勝ち取ることでしか、共に暮らし続けることはできない。つまり、ジュリアスさんを犯人とでっち上げた警察・検察の多数の証拠改ざん・偽造を暴き、ジュリアスさんを犯人にするため隠蔽し続けた「証拠」を明らかにさせていくしかないのだ。

警察・検察がこれほど杜撰な証拠の改ざん・偽造を多数行ない、ジュリアスさんを犯人にしなければならなかったのはなぜか？　結論をいえば、現在の日本の検察が、いったん逮捕・起訴したら九九・九％有罪にしているからだ。そこにあるのは、事件を真摯に解明しようとのまっとうな意思ではなく、薄汚い権威主義や身勝手なプライドである。

警察、検察は、様々な証拠などからDの証言通り、銀行強盗の共犯はオースティンであることを早い段階でわかっていたはずだ。それでも間違いを認めず、「ジュリアスが犯人」で進むしかなかった。組織やメンツを守るためだ。

ただし、そんな腐り切った組織の中にも、ジュリアスさんの味方になる人物がいたとは、当時誰も知るよしもなかった。

「正義の人」がいた

仮放免され家族のもとに戻ったジュリアスさんは、その後、奥さんとともに何度も神戸地検・姫路支部に通った。二〇回以上も通い続けるジュリアスさんに、いつも親切に応対してくれた検察事務官の男性がいた。ある日ジュリアスさんが証拠ファイルを見ていると、その事務官は「コピーはできないが撮影してもいい」と言ってくれた。

それは、兵庫県警科学捜査研究所が行なっていた、犯人が被っていた目出し帽に付着した毛髪二本の鑑定書で、結果はジュリアスさんとDの毛髪のどちらとも一致しないと結論づけられていた。検察は、ジュリアスさんが無実であることを証明する、この重要証拠を隠して起訴に踏み切り、その後の裁判でも隠し続けていたのである。

ジュリアスさんにその後、この検察事務官から二人の犯人が被っていた目出し帽二点を還付された。帽子の口の部分が切り取られていることから、弁護団は、検察がＤＮＡ鑑定を行なったはずだと考えた。ジュリアスさんとは一致しないことを示す鑑定書は、確かに存在したのである。

この検察事務官はジュリアスさんの無実を知っていた可能性がある。検察事務官についてジュリアスさんは「非常に親切な人だった」「正義の人だった」と話している。検察事務官はジュリアスさんに「無罪を信じている」と言ってくれたという。

「正義の人」はその後、懲戒免職を受けたが、彼から受けた重要証拠を新たな証拠として、一二年三月、ジュリアスさんは神戸地裁姫路支部に再審請求の申し立てを行なった。無実を証明する「新証拠」の一つが、正義の人からの還付で手に入れた、目出し帽に付着した毛髪の鑑定書である。さらに、検察が隠していた毛髪鑑定書、ビデオテープの「砂嵐」について、複数の鑑定人が作成した鑑定書が新証拠として提出された。

とくにアメリカのダグラス・カーナー氏は「テープには作為が加えられており、米国の刑事司法の水準からすれば、刑事裁判の証拠にできるレベルではない」と述べ、同氏が復元を手伝った画像も新証拠として提出した。

しかし、一四年三月、神戸地裁姫路支部は再審請求を棄却した。

どんでん返しの再審請求審判決

神戸地裁姫路支部は、砂嵐画像や鑑定書などから、ジュリアスさんが犯行現場にいなかった可能性が出てきたため、ジュリアスさんは犯行現場にいた実行犯でないかもしれないが、郵便局の外から、あるいは電話などの遠隔操作で実行犯に指示を与えた「共犯者」であると言いだし、再審請求を棄却した。

しかし、ジュリアスさんがいつ、どこで、どのような共謀をしたかを証明する証拠などは一切明らかにしていない。

一六年三月十五日、大阪高裁は「姫路支部はこれまで争点になかった認定をしており、男性に主張・立証の機会が与えられず、審理が尽くされていない」とし、審理を神戸地裁へ差し戻したが、神戸地裁は再び請求を棄却、大阪高裁は地裁判決を支持していたが、二三年三月三十日、最高裁第一小法廷(山口厚裁判長)は、ジュリアスさんの特別抗告を棄却し、再審を認めない判断が確定した。

ジュリアスさんは現在、第二次再審請求を準備中だ。

滋賀バラバラ殺人事件

いつどこでどう殺されたか
不明の「懲役二十五年」

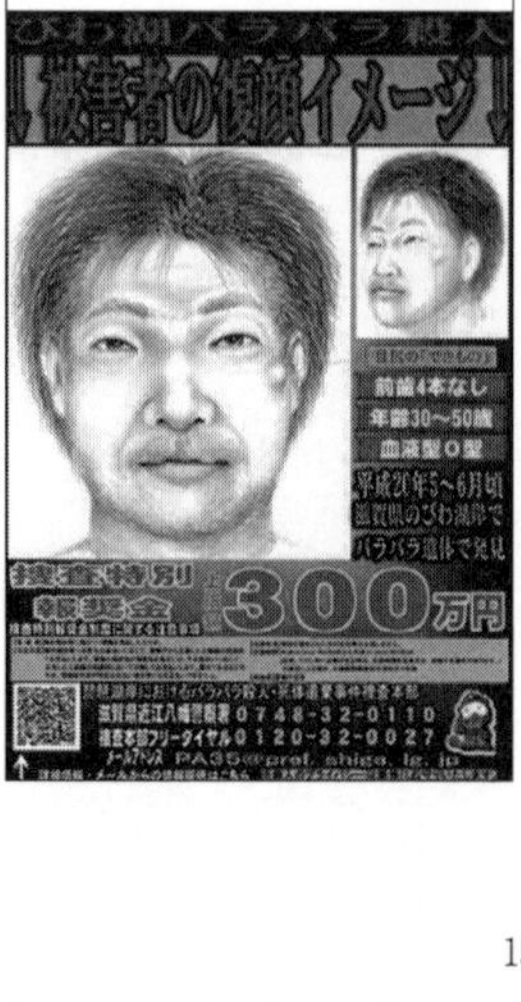

十三個に切断された遺体が遺棄される猟奇的事件で大津地裁（今井輝幸裁判長）は、二〇一九年十二月六日、殺人、死体損壊、死体遺棄などで逮捕・起訴された杠《ゆずりは》共芳《ともよし》（逮捕時六十八歳）さんに、懲役二十五年の判決を下した。しかし判決文には、被害者がいつ、どこで、どのように殺されたかは書かれていない。「人間味のかける冷酷な犯行」と重刑を科した理由を述べ、「計画的」と断定する一方で、「犯行に至った動機・経緯については不明な部分が残る」という杜撰な判決内容だった。一貫して否認する被告に重罰が科せられた重大事件にもかかわらず、大阪高裁（樋口裕晃裁判長）は、証拠調べも全て却下、一回の期日で結審し、二〇年一〇月二日、大津地裁の裁判員裁判判決を支持し、控訴を棄却した。その後、二〇二一年二月、最高裁は上告

を退け、実刑が確定し、杠さんは現在岡山刑務所で服役中だ。

筆者は東住吉事件のえん罪被害者・青木惠子さんの紹介で杠さんを知り、面会や手紙のやり取りを続けてきた。杠さんは「尾﨑さん、何でも聞いて下さい」と言い、私の質問には限られた便せんにびっしり答えを返してきた。そんな中、私は杠さんが無実であると確信した。

最初から犯人と決めつけた滋賀県警

二〇一八年八月十一日から十二日にかけ、滋賀県草津市内の琵琶湖付近の排水路や河川ののり面など三カ所で、人間の胴体・大腿部・足首などが発見された。頭部の発見が半年後と遅く、遺体の腐敗が激しいことなどから死因の特定には至らなかった。

この事件で杠さんが滋賀県警から任意同行を求められたのは、遺体発見からひと月後の九月十二日だった。容疑は、遺体で発見された中川直さん（当時六十八歳）の通帳から無断で金を引き出した「窃盗容疑」での別件逮捕だった。

滋賀県警は、最初から杠さんを中川さん殺害・死体損壊・遺棄の犯人と決めつけていた。滋賀県警は杠さんを任意同行した当日、すぐに嘘発見器にかけ、その後の取り調べでも「証拠ははっきりあるから認めろ」「調査結果は出ているぞ」「ＧＰＳで行動は全てわかっている」などとうそをデッチ上げて追及、杠さんの「自白」を取ろうとした。

人体図を目の前に出し「どの部位から切った」「良く飯がノド通るな」などと怒鳴られ、「あなたは最低の人間だ」と侮蔑され、杠さんは、身体が震え眠れなかった日もあったという。検事からも、強圧的な態度で「あなたがやったんでしょう！　誰とやったんですか」と大声で怒鳴られたり、別の検事からは「人生を諦めてはだめです。人間の良心とは？　真実とは何か？私は最後まで面倒みるから（両手を広げて）胸に飛び込んできなさい」などと、あの手この手で自白を迫られた。

しかし、無実の杠さんに自白のしようもなく、逆に刑事に「証拠を見せて」と強く迫る場面が何度もあったという。すると刑事は黙ってしまう。殺人での再逮捕以降は事件について話すことがなくなり、取調室で杠さんが、刑事の子どもの悩み相談に乗り、しつけ方を諭すような話をすることもあったという。杠さんにそんな態度がとれたのも、まさか自分が殺人などの罪で有罪になるとは思っていなかったからだ。

九州出身の杠さんは、〇二年頃から滋賀県内の建設会社で働きはじめ、そこで中川さんと知り合った。二人が意気投合したのには、同年齢だったことに加え、過去に船舶の仕事に就いていた共通の経歴があったからだ。杠さんはその関係を、船乗りは船底の一枚の板を外せば沈んでしまう、つまり危険と隣り合わせであるという意味の「板子一枚下は地獄」のことわざに例え、「我々は船底板一枚に命をかけた男だから絆は強い」と、筆者への手紙に記してきた。

建設会社を辞め、一〇年に同県守山市内で焼肉店を始めた杠さんが中川さんと再会したのは、事件の起きた一八年一月に、杠さんの店に通う草津市議から、住居がなく困っている人がいると紹介されたからだ。腰も曲がり仕事もできず、わずかな年金で生活していた中川さんを杠さんは、知人の飯場の一室に住めるようにした。さらに、自分の店で飲食させたり、風呂に入れたり、金を貸したりと世話をしていた。

それは、以前に建設現場で中川さんに仕事を教えてもらった恩返しでもあるし、酒に溺れ、金銭にも多少ルーズだった中川さんをどうにか見守りたいとの思いからだった。

杠さんのこの面倒見の良さはどこからくるのか、聞いてみた。杠さんは、脳腫瘍の母親から早産で生まれたため病弱だったこと、また父親、母親とも病で倒れ生活が困窮した際、何かと行政の世話になってきた経験があり、周囲に困っている人がいたら、黙っていられない性格だと、手紙に書いてきた。

当時、中川さんには、先の市議の紹介でシェアハウスに入り、生活保護を受ける話が進んでいた。引っ越す際には、中川さんが飯場の近所の農家の人などから借りていた金も返さなければならない。まとまった金を作る必要があったため、中川さん自身の年金を担保に銀行から融資を受ける手配も進めていた。杠さんが中川さんに貸していた三四万円も、その融資金から返済の見込みがたっており、二人の間にトラブルは全くなかった。その矢先に事件が起きたのである。

杠さんは中川さんの金を窃盗したのか？

杠さんを犯人にしたい滋賀県警・大津地検の描いたストーリーはこうだ。一八年八月六日、杠さんが、店に来た中川さんを何らかの方法で殺害、店および周辺で遺体を十三個に損壊し、店の冷蔵庫や冷凍庫で保管しながら、七日と八日に遺棄したというものである。

杠さんは七日以降も店を普段通り営業しているが、兄弟のように親しくしていた人間を殺害し、遺体を切断・遺棄したのち、何食わぬ顔でいられるものだろうか。しかも遺体は見つかりにくい山奥でもなく、杠さんの生活圏内に、むき出しのまま、早く見つけてくださいと言わんばかりに置かれていた。

一方、事件直後の中川さんの通帳には、八月九日に年金を担保にした銀行の融資五八万円が、十五日には二カ月分の年金一一万六八〇〇円が入金され、合計で七〇万円近くあった。そこから杠さんが、中川さんから預かったキャッシュカードで三回に分けて計六九万七〇〇〇円を引き下ろしている。カードの持ち主を殺害した犯人が、防犯カメラのあるＡＴＭで顔も隠さず堂々と「被害者」の通帳から金を引き出すだろうか。

検察は、杠さんと中川さんの間で借用書類などがないことから、中川さんが杠さんから三〇万円以上もの金を借りた事実はないと主張した。しかし、二人の間の金の貸し借りは、いわば「信用貸し」であり、正式な借用書がないことを理由に貸し借りがなかったとは言えない。

二人が以前働いていた建設会社は、筆者が住む釜ヶ崎の日雇い労働者も働きに行くことの多い、いわゆる「飯場」だったが、飯場で働く人のなかには金銭トラブルなどで逃げてきた人、偽名の人、身分を証明するものや印鑑を持てない人も少なくない。金に困った際には仕方なく高金利のヤミ金で借りたり、兄弟・親子のような間柄の人と口約束の「信用貸し」で貸し借りするといった慣習もある。

杠さんも被告人質問で「(本当に返してもらえるか)大丈夫かなと思うこともありました。(中略)不安はありましたけど信用しつつ、誰もほかに面倒見てくれる人がいないもんですから」と当時の心境を語っている。そこには一般社会では通用しえない、そして金に困ったことのない人には理解しがたい独特のルールや慣習があるのだ。

何一つ証拠のない「犯行現場」

遺体を十三個に切断したわりには、店内などに残っていた中川さんの血痕は、風呂場と通用口のみで、量も微量だった。弁護側はこの血痕について、事件前、中川さんが自転車で転倒し、左小指などを一〇針縫った傷口から入浴時などに出血したか、カミソリで髭を剃った際出血した際に付着したものと主張した。

一方の検察は「損壊場所の床や壁をビニールシートなどで養生するなどの方法で痕跡を残さずに遺体を損壊することは可能」と主張。つまり遺体を損壊する際、大量に出る血液などで現場が汚れないように、床や壁をビニールシートで保護していたということだ。

しかし、養生に使ったビニールシートやガムテープなどは見つかっておらず、購入した履歴もなく、店内で遺体を切断したかを検証した警察の報告書なども存在しない。猛暑の八月ならば、切断した遺体は、すぐに強烈な死臭を放つだろう。これに対して検察は、店内の冷蔵庫・冷蔵庫で保管すれば「死臭が発生することも防止できる」と主張したが、その冷蔵庫・冷凍庫を検証したかすら不明だ。

遺体を切断する際に流れる大量の血については、警察は、店内はじめ風呂場や排水溝、下水口まで徹底して捜索し、ルミノール反応の調査やDNA鑑定などを実施しているが、結果店内が遺体損壊現場である証拠は何ひとつ明らかにされていない。

凶器について、店から十数本の包丁が押収されたと、

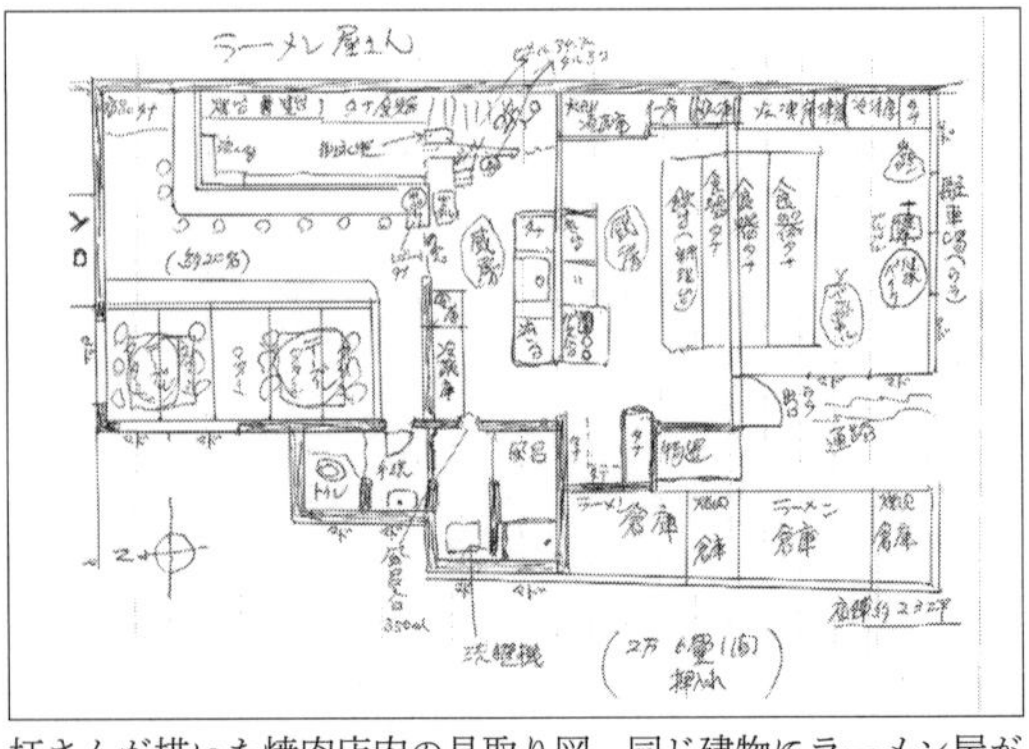

杠さんが描いた焼肉店内の見取り図。同じ建物にラーメン屋が隣接（図の上部）

事件後、産経新聞のみがスクープしていた。「遺体の切断面の情況から、数種類の刃物が使われた可能性があるとみており、押収した刃物が犯行に使われたものと合致するか照合を進めている」と報じたものの、その後「合致した」などの続報はない。ちなみに店内の血痕が死体血か生体血かの鑑定もない。つまり、店内が犯行現場である証拠は何一つ出ていないのだ。

検察は、防犯カメラに、杠さんが日頃乗っていたホンダの軽自動車・ライフと類似した車両が、八月七日の午後二回と八日の夜九時過ぎの計三回、店から遺体遺棄方向へ向かったことから、杠さんがこの車で遺体を遺棄したと主張した。

七日の二回は真っ昼間の時間帯だが、杠さんの店は、近くに大型スーパーもある交通量の多い県道に面しているうえ、隣のラーメン屋も客で込み合う時間帯だ。そんな場所で何度も遺体を車に運ぶことが可能だろうか。杠さんは、過去に髄膜炎を患い、当時もすねから下は痺れたままで、店で重いビール樽などを運ぶにも難儀していた。そのため買い出しなどに出かける際はほとんど車で、日に四～五回に及ぶ日もあり、いつ、どこへ向かって車を出したかなど覚えていられない。

店から左に出た琵琶湖方面には、買い出しに行くスーパーなどもあるうえ、暑い日、琵琶湖の水面に顔を出すブラックバスを確認するため、杠さんは昼夜問わず車を走らせていた。

検察が杠さんを犯人とした唯一の証拠は、車内の四カ所から採取された中川さんの血痕四点のうち三点が死体血であるとの鑑定結果だ。

鑑定人の池谷博教授（京都府立医科大学法医学教室）の鑑定方法は、死体血と生体血を区別する手法で、血液に試薬を用いて、D-ダイマーという物質がどれくらい凝縮するか（死体血では生体血より量が数百倍になる）で計るというものだ。

しかし、この方法は、今回を含めわずか六例しかないなど鑑定実績が少ないため、信用性自体に疑問も残る。しかも池谷氏自身が裁判で、提供された血液の量が非常に微妙であったため「自ら採取したい」と申し出たが、警察から「それはちょっとまかりならん」といわれたことなどから検体の採取方法などに疑念を抱いたこと、さらに死体血かどうか疑念を抱いたというような証言も行なっていた。

殺害された中川さんも、買い物や用事でしょっちゅう杠さんが運転する車に乗っており、自転車事故でけがをした際も、杠さんの車で病院に行っている。微量の血痕は、その時に付着した可能性もある。そして、本当に死体血なのか？

事情を知らない人は、まさか警察や検察が証拠を捏造したり、鑑定人に事実と違う証言を言わせるはずなどないと考えるだろう。しかし、この事件を担当する滋賀県警は、湖東記念病院事件では、西山美香さんが入院患者の呼吸器を外して窒息死させたとしたが、再審では、鑑定した医師による「男性は痰詰まりで死亡した可能性がある」とした所見を十五年も隠し続け、同医師に事実と違う証言をするよう働きかけていたことが明らかになっている。同じく滋賀県で起きた日野町事件では、犯人とされた阪原弘さんが、遺体遺棄現場に自ら案内したように、行きと帰りの写真を入れ替えていた。それが滋賀県警がやってきたことなのだ。

もう一つのバラバラ殺害事件

杠さんが筆者に提供した、被疑者ノートから取り調べの様子を書き写した手紙には、逮捕当初から杠さんを犯人と決めつけ、連日「お前が犯人だ！　どうやって殺した？」と自白を迫る様子が克明に書かれている。

滋賀県警は、なぜそこまでして、杠さんを中川さん殺害の犯人として「自白」をとる必要があったか？　実は滋賀県内では、〇八年にもバラバラ殺人事件が起きている。遺体が遺棄されたのは同じ琵琶湖周辺だ。この事件でも遺体の腐敗が激しく身元判明につながらず、警察は頭蓋骨に肉付けした顔のイラスト（一五二ページ）を公表し、報奨金をかけて情報提供を呼び掛けていたが、長らく身元判明に至らなかった。

のちに、この男性が、杠さんがかつて働いていた飯場にいた川本秀行さん（当時三十九歳）と判明したが、イラストは実物とあまりに違っていた。川本さんと判明したのは、杠さんが逮捕されたあとであることから、滋賀県警が中川さんの事件を捜査する過程で、飯場などに聞き込み、判明した可能性がある。

杠さんも取り調べで、川本さんについても聞かれている。杠さんは、過去に知っていた川本さんの事件の捜査に協力できればと思い、知っている情報を進んで話していた。すると警察からいきなり「川本（を殺したの）もお前ではないか」と言われた。杠さんが激高し、「冗談じゃない！　証拠を出して言え！」と怒鳴ったら、それ以降川本さんについての取り調べはピタリと止まったという。

しかし、過去に滋賀県内の同じ建設会社周辺にいた人間が、十年間に二人も同じ方法で殺害され、同じ方法で遺体遺棄されたならば、同じ人物（たち）が行った犯行とみるのが普通ではないか。しかし滋賀県警は、中川さんの件でしか、杠さんを逮捕できなかった。これは、滋賀県警の大失態ではないか。

一九九〇年には栃木県足利市で発生した女児殺害事件で、栃木県警は菅谷利和さん（当時四十五歳）を逮捕したが、その後ＤＮＡ鑑定に誤りがあったとして、収監中の菅谷さんを釈放し、無罪を言い渡した。警察・検察・裁判所は、誤って菅谷さんを逮捕したことで、同地区内の連続幼児殺害事件の真犯人逮捕のチャンスを逃してしまった。滋賀県警も同様だ。やっていないから「自白」しようがない杠さんに、「今なら温情乗せて（自供書を）書いてやる」などと執拗に「自白」を迫り、わずかな血痕のみを証拠に犯人に仕立てた。

湖東記念病院事件の西山美香さんは、再審無罪を勝ち取ったのちも、滋賀県警が全く反省しないことから、再び冤罪をつくるのではと懸念し国賠訴訟を提訴、会見で「滋賀県警は犯人と決めつけないで!」と訴えた。そんな冤罪被害者の悲痛な訴えに耳を貸さず、滋賀県警はまた冤罪を作り、七十一歳の杠さんを二十五年の刑に服させた。日野町事件で服役中に死亡した阪原さんのように、獄死させようとしているのか。

私に杠さんを紹介してくれた青木惠子さんが定期的に岡山刑務所に通い、杠さんと面会を続け、再審請求の準備を進めている。

鈴鹿殺人事件

〝決めつけ〟で捜査怠慢　警察・検察の初動ミス

加藤映次さん

二〇一二年十一月十三日の夕刻、三重県鈴鹿市山本町の茶畑に囲まれたのどかな農村地帯の民家で、ネット通販会社経営者・辻元彦さん（当時三十八歳）が殺害されているのが発見された。翌日、三重県警鈴鹿署は、会社の共同経営者・加藤映次さん（同三十四歳）を任意で取り調べ、十七日に殺人罪で逮捕、その後起訴した。

加藤さんは一貫して犯行を否認したが、一五年七月、一審・津地方裁判所（増田啓祐裁判長）は、加藤さんを犯人と確定する凶器・指紋・目撃者などが一切ないなか、状況証拠のみで懲役十七年の有罪判決を下した。

二審の名古屋高裁（山口裕之裁判長）は控訴を棄却、一八年に最高裁で有罪が確定、加藤さんは現在千葉刑務所で服役している。

なぜ加藤さんだけが犯人とされたのか?

辻さんの遺体は、同じ敷地内の母屋に住む両親が発見した。辻さんは、普段から事件現場となった、実家の離れを改造した自室兼事務所にいることが多かった。常日頃から警戒心が強く、窓の一部に目張りをしたり、部屋に鍵をかけていたが、両親が訪ねた際にも施錠されていたという。

事件当日、加藤さんは辻さんに貸した金を返してもらうため、午前一〇時二八分頃、辻さんの部屋を訪れた。事前の電話では返済するとの話だったが、結局返してもらえなかったために二人は少し揉めた。加藤さんは、辻さんに胸ぐらを掴まれたが、それを振り払い部屋を出た。加藤さんはその時間を一〇時三九分と主張しているが、検察は一〇時五二分まで滞在したと主張している。

辻さんは、加藤さんの共同経営者とはいうものの、実際は加藤さんの会社に乗り込んできたような立場だった。そのうえ、この日に返済を約束していた金も含め、個人的に会社の金を使い込んだり、社員らにパワハラを行なうなどの問題も起きていた。それゆえ加藤さんは辻さんに、会社を去ってもらおうと考えていた。辻さんが暴力団関係者と付き合いがあることもわかっていたため、ことを穏便に運ぼうと弁護士に相談し、辞めてもらう計画を進めていた矢先、事件が起こったのである。

辻さんの部屋を退出した加藤さんの車は、一一時五分に鈴鹿インターから東名阪自動車道に入ったことが確認されている。その後、加藤さんは当時付き合っていた不倫相手の女性Mと合流、Mが買い物をする間、車内で寝て待っていた。その後Mといったん別れた加藤さんは、名古屋駅前の会社事務所で面接業務を行ない、再びMと合流、食事などをしたのちラブホテルで休憩し、早朝に帰宅した。

鈴鹿署に任意同行を求められたのは、それから間もなくのことだった。こうした不倫で朝帰りするなどの行動も、加藤さんが不審に思われた一因であった。

すり替えられた重要証拠

任意同行を求められた際、加藤さんは、辻さん殺害の事件解明に協力しようと、取り調べには素直に応じていた。一方、鈴鹿署は、最初から加藤さんを犯人扱いし、自白を強要してきた。結果、加藤さんは否認のまま逮捕された。

逮捕の決め手とされたのは、施錠されていた辻さんの部屋の鍵が、加藤さんの車（青色の三菱eKワゴン）から出てきたというものだった。車は、事件翌日の十一月十四日に鈴鹿署に押収されていたが、同署内で取り調べを受けていた加藤さんは、車から鍵が出てきた際の現場検証には立ち会っていない。問題の鍵は、すぐに発見されそうな助手席の下にあったが、発見までに三時間も要していた。

発見された鍵はチリ紙に包まれ、小さなプラスチックケースに入った状態だった。ケースは前日にMが購入したハサミが入っていたもので、Mはケースを車内にそのまま捨てていた。

なぜ、鍵はこんな不自然な形で置かれていたのか？ これについて一審判決は「被告人が、これを鍵とわからないようにするため」「本件鍵の存在を気づかれないようにしたいといった被告人の後ろめたい心情が表れ」「被告人が本件鍵に関して何らかのやましい事情を把握していた」などと、長々と加藤さんの心境を説明してみせた。

加藤さんが「やましい」「後ろめたい」と思っていたなら、チリ紙に包みプラスチックケースに入れ、目につきやすい場所に「隠す」などせず、すぐに捨てるはずだ。犯行後、捨てる時間も場所もいくらでもあったのだから。

しかものちに、弁護団が、検察庁に保管されている現場の鍵を確認したところ、車内で発見されたとして報告書に添付された写真の鍵と、目視でも明らかに違っていることが判明した。見間違いかと思った弁護団は、鍵を様々な角度から写真に撮り、それを専門家に鑑定してもらったところ、ふたつの鍵は別物であるとの結果を得た。

判決では、加藤さんが、ジャラジャラと何本もの鍵が束ねられた辻さんのキーホルダーから、部屋の鍵だけ外し施錠したとした。現場に施錠するのは事件発覚を遅らせるためだが、犯行直後の血まみれの手で、どれかもわからない部屋の鍵を探し当て、抜き取る作業ができるだろうか。凄惨で血なまぐさい犯行現場で、である。

Mは本当に証拠を隠滅したのか？

辻さんは、頭部を鈍器で殴打され、部屋の中央のこたつに突っ伏して息絶えていた。頭部には一〇カ所以上に殴打された傷があり、開示された捜索現場の証拠写真では、部屋の天井にまで血しぶきが上がっているのが確認されている。鈴鹿署の報告書でも「犯人は十分に返り血を浴びている」とされていた。しかし、加藤さんが、当日一日中乗っていた車からは、辻さんの血痕も血液反応も全く検出されていない。

これに対して検察は、裁判の途中から「殴打したが血は出なかった」と主張を変えてきた。さらに加藤さんが犯行後、自身のスーツに返り血が「付着していなかったが、付着しているかもしれないと恐れていた」として、Mに靴とベルトを買わせ、事務所のロッカーから別のスーツを持ち出させて着替え、着替えたスーツは紙袋に入れ、Mに捨てさせたと主張してきた（そのため、Mも犯人隠匿罪で逮捕されている）。

事件当日、加藤さんが、Mが買った靴とベルトに付け替えたことは事実だ。靴は、当時履いていた靴が臭くなったので履き替え、ベルトはMが夫に買ったものを加藤さんが気に入り「それ、ちょうだい」と譲り受けただけだった。二人の関係はそれまでも、Mが加藤さんの衣類や日用品を買うなど、身の回りの世話をする関係であったからだ。

一方、加藤さんは、加藤さんがMに事務所のロッカーからスーツを持ち出させ着替えたことや、そのスーツを入れた紙袋をMに、公園のごみ箱に捨てさせたことについては、「警察の作り話」と否定している。加藤さんが、衣服などに血痕などが付着したと恐れていた事実がないことは、加藤さんが辻さんの部屋を退去したあと、午後二時頃にMと合流するまでの約三時間もの間、平気で同じスーツを着ていたことからも明らかだろう。

しかしMは、鈴鹿署の意向に沿う通りの供述を行ない、加藤さんを犯人に仕立てる警察に協力した。なぜか？　前述したように、彼女も犯人隠避容疑で逮捕され、二十日間勾留されている。夫や家族のある一般女性が、不倫関係の男性との関連で突然、警察に逮捕され取り調べを受けたことで、どれだけ不安を受けたかは容易に想像できる。あげく自身の容疑については、いったんは「処分保留」という、その後の対応次第で逮捕・起訴されかねないという極めて不安定な状態を強いられていたからだ。

そんな彼女が、警察・検察の作ったストーリーに沿って、ありもしない供述を取られた可能性は否めない。そのようなMの証言に、どれだけの任意性や信用性があるのか、多いに疑問が残るところだ。

凶器の購入費用を経費で落とす?

辻さんの頭部を殴打し殺害したという凶器は、結局どこからも発見されなかった。しかし警察はその後、凶器はモンキーレンチであると断定した。

実は加藤さんは、事件前日、辻さんに頼まれ、ホームセンターでモンキーレンチを購入し、その日のうちに辻さんに届けていた。加藤さんは、その領収書を会社の経費で落とすため、経理担当者に渡していたが、事件後、加藤さんの会社を捜索した警察が、その領収書を見つけ、発見されていない凶器を、都合よくモンキーレンチと決めつけたのではないか。

さらに警察・検察は「被害者の頭部の傷の形状とモンキーレンチの形が同一」と主張してきた。これに対して弁護側は、傷には複数の形状があり、凶器及び犯人も複数である可能性があると反論した。それ以前に、凶器となった「ブツ」の購入代金、しかもわずか三千円弱の領収書を、会社の経費で落とそうと考える犯人がいるだろうか?

検察は、被害者の返り血を浴びたと恐れた加藤さんが、スーツをMに捨てさせたと主張しているが、ならば凶器購入の証拠となるモンキーレンチの領収書も捨てるはずだ。前述の鍵と同様、レシートの紙切れ一枚、いとも簡単に捨てられるではないか。

また検察は、加藤さんの両手の甲側に内出血のような赤い箇所があることについて、凶器のモンキーレンチを握った際に出来たものと主張した。一方、加藤さん側は、Mと前日から続いていた痴話喧嘩でイラつき、会社の机やロッカー、車のハンドルやドアを八つ当たり的に叩いてついたものと主張した。

一審では、このように説明のつかない不可解・不合理な〝証拠〟をもとに審理が進められたが、控訴審ではこうした事態を根本から覆す、驚くべき証拠が明らかにされていくのであった。

加藤さんの退去後も生きていた被害者

名古屋高裁で始まった控訴審では、一審の公判整理手続きで弁護団が請求しながら、検察が開示していなかった新たな証拠が開示された。その一つが、加藤さんが辻さんの部屋を退去したのちも、辻さんが生きていた可能性を示すもの、すなわち加藤さんのアリバイを証明する証拠であった。

防犯カメラの映像や高速道路の通行証などから、加藤さんは東名阪自動車道の名古屋南インターを一一時四〇分に下りていることが確認されている。また検察の主張でも、加藤さんは遅くとも一〇時五五分に辻さんの部屋を退出したとされている。

しかし、その四五分後の一一時四〇分、辻さんのスマホに届いたショートメール（ＳＭＳ）が「既読」になっていたのである。

ＳＭＳの内容は「あ」の一文字で、送信人は特定されており、誤って送信したことがわかっている。

警察は事件当日、辻さんの両親の通報を受け、夕方より現場検証を行なっているが、辻さんのスマホはみつからず、翌朝から始まった捜索で午後三時二八分に発見されている。捜査開始から相当な時間が経過したあとのことだ。普通、スマホはバッグやポケットなど自分の身近な場所、室内ならばテーブル上などいつでも使える場所に置くのが一般的だろう。なぜ発見まで時間がかかったのか、まずこの点で大いに疑問が残る。

発見時に警察官が撮影した写真では、スマホの画面にＬＩＮＥが表示されていたが、「あ」メールを受信したＳＭＳ画面の写真はなかった。ＳＭＳはすでに「既読」になっていたからだ。問題は、誰がＳＭＳを「既読」したかである。繰り返すが加藤さんは、このメールの送信時刻には、名古屋南インターを降りたことが確認されている。

では誰が、辻さんのスマホのメールを読んだのか？　プライバシー保護の観点から、スマホユーザーは大抵、パスワード等を設定したロック機能を使うだろうし、普段から警戒心の強かった辻さんならば、余計に難解なパスワードを設定したと考えられる。

すると、メールを開封し既読にしたのは、パスワードを設定した辻さん自身か、辻さん以外で辻さんのパスワードを知り得る人物と考えるのが妥当だ。

よって、この「あ」メール既読問題からは、加藤さんの退出後に辻さんが生存していた事実、あるいは犯行は、加藤さん退出後に辻さんと接触した第三者によるものであることが、強く推認されるのである。

この疑問について検察は、控訴審が結審する法廷で突然「捜査員の手違いで既読になった」と主張してきた。これ以上法廷が開かれない状況下でこう主張すること自体、悪質極まりないが、事実ならば、重要な証拠を警察官の誤操作によって消してしまったということになる。その警察官が誰か、何のため、どのような操作で既読にできたかなどを、裁判で明らかにする必要がある。

しかし、裁判所は、弁護側の弁論再開要求を却下したまま結審し、控訴を棄却した。驚くことに控訴審判決では、この「あ」メールについてはひと言も触れられていなかった。

もう一つ、加藤さんが現場から退去した後も辻さんが生存しており、第三者と接触していた可能性を示す事実が判明していた。

事件当日の午後一時頃、辻さんの部屋に荷物を届けた宅配業者が、辻さんが呼び出しに応じなかったため、荷物を母屋の母親に渡したと証言したが、その時間、辻さんの部屋の電気は全て消えていたと、述べている。

しかし、夕方、両親が遺体を発見した際には、部屋の電気は点いていた。つまり、午後一時頃から両親が遺体を発見するまでの間、辻さん自身か第三者が部屋にいて、電気を点けた可能性が出てきたのである。名古屋高裁での控訴審は、こうした加藤さんのアリバイを証明する証言・証拠などを充分に審理しつくさないまま棄却としたのである。

ほかにも、犯行現場から検出された十数本の頭髪、辻さんの爪から検出された物証、現場に残された痕跡、こたつの上に残された辻さんのタバコの銘柄と違う吸い殻のＤＮＡ鑑定など、加藤さん以外の第三者が犯行現場にいた可能性を示す証拠は、未だ明らかにされていない。

とりわけ頭髪については、幼少時に脱毛症を患い、中学生時代から頭髪を剃ってスキンヘッドにしていた加藤さんのものでないことは明白だ。

こうした失態は、三重県警と検察が加藤さんを犯人と決めつけ、彼以外に対する捜査を放棄してしまったこと、すなわち初動捜査における大きな過ちから起きたことだ。事件の背景には、当日、タイムカードを工作していた人物、同日に自分の車を廃棄処分した人物など、辻さんと深く関わりながら、疑惑の残る第三者が複数いるのである。

冤罪は「被差別部落出身だから」「前科者だから」「ボクサー崩れだから」と、さまざまな差別を根拠に犯人と決めつける見込み捜査から始まることが多い。今回の事件で、鈴鹿署と検察は、加藤さんの不倫関係に目をつけた上で、辻さんの両親の一方的な証言から、加藤さんを犯人と決めつけ、ずさんな初動捜査で加藤さんを逮捕・起訴したのだろう。

不倫の是非はともかく、加藤さんの刑事裁判は、徹頭徹尾、客観的・科学的な捜査に基づく検証・審理が行なわれないまま、不可解・不合理な状況証拠のみで有罪判決を下すという、典型的な冤罪裁判であった。

警察・検察の初動捜査のずさんさ、欺瞞性を弾劾し、加藤さんの無実を証明する証拠を開示させ、再審無罪を勝ち取る闘いが続けられている。

二二年六月三〇日、三重県津地方裁判所に、鈴鹿殺人事件の再審請求が申し立てられた。弁護団（井戸謙一弁護団長）は、辻さんの死亡後、第三者によって辻さんのスマホが操作されていたなど四点の新証拠を提出した。

再審申し立て後、名古屋市内で記者会見する弁護団（中央は、井戸謙一弁護団長）

築地公妨でっち上げ事件

身内の不祥事を市民の罪にすり替えた警察・検察

二本松進さん

二〇〇七年十月十一日午前八時ごろ、東京都新宿区ですし店を営む二本松進さんは、妻・月恵さんと築地市場（当時）で仕入れ中、パトロール中の女性警察官二人と口論となり、公務執行妨害で逮捕された。

十九日間拘留された二本松さんは、東京地検・五島真希検事に「同意してくれなければ起訴する」と脅され、虚偽の調書にサインさせられ、起訴猶予で釈放された。しかし、その後、この起訴猶予処分が有罪（前歴）になると知り、二年後に国賠訴訟を提訴した。

築地署は、自分たちの不当な取り締まりをなかったことにしたい、ごまかしたいがためについた嘘で、無実の被害者に冤罪の罪を被せた。二本松進さんの闘いは、このような、腐敗した日本の警察・検察・裁判所のウミを出し切るためだった。

なぜ女性警官は虚偽通報したのか?

その日、二本松さんは月恵さんの運転で築地市場に仕入れに来ていた。築地市場は、当時、仕入れ車両などの放置駐車を一定容認していた。しかも、月恵さんはすぐ車が出せるように運転席でエンジンをかけていたので、道交法違反にはまったく当たらなかった。

そこに、警視庁築地署の高橋眞智子巡査と渡邊すみ子巡査部長がパトロールで通りがかった。車の脇を歩く彼女らに対し、月恵さんは目を合わさないように下を向いていた。朝、起きてすぐに出たためノーメイクだったからだ。

二本松さんが戻り、月恵さんに車を前に出すよう言うと、車の前で、高橋巡査が仁王立ちに立っているのが見えた。二本松さんは、「すみません、出ますので、そこ退いてもらえますか」と声をかけたが、高橋巡査は動かない。再度頼む二本松さんに、高橋巡査は「ここは法定禁止エリアだ」と怒るように告げた。「いつでも発車できるように運転手が乗っていてもだめなの?」と二本松さんが反論したことから口論が始まった。

見物人が多数集まったこともあり、ヒートアップした高橋巡査は激高し、運転していない二本松さんに「免許証を出せ」と切符ケースを突き付けて迫った。更に「暴行を受けている」など無線通報し、駆けつけた警官らに二本松さんを不当逮捕させたのである。様子を見ていた多くの見物人は、口々に「暴行などなかった」と訴えたが、警官らは聞く耳を持たなかった。

のちに警察が検察に対し、「目撃者が見つかっていない」などと嘘の報告をしていたことも判明した。築地署が目撃者を探す気がなかったことは、交通事故現場に情報提供を求める立て看板すら出さなかったことからもわかる。築地署は、最初から身内の不祥事を隠蔽しようとしていたのだ。

では警察は、二本松さんが高橋巡査にどんな「暴行」をしたというのだろうか。当日、築地署で取られた高橋巡査の調書では、「戻ってきた二本松進がいきなり、高橋に一〇センチまで顔を近づけ、『何が悪いんだ。後ろの車をやれ。貨物車と乗用車の差別をするな』と怒鳴ってきた」とある。一方、同日作成の「現行犯人逮捕手続書」では、警官が二本松さんに免許証の提示を求めたところ、「なんで見せなければならないなどと更に興奮し、左右の手をL字に曲げ、高橋巡査の胸等を三回小突いてきたので、高橋巡査はやめなさいと警告して、暴力行為をやめさせようとしたが、被疑者はうるさい等と怒号しながら、さらに胸を四〜五回小突いてくるので」と書かれている。

さらに勾留状の「被疑事実の要旨」では、警官が免許証の提示を求めると、二本松さんが「後ろにトラックが止まっている。差別するな」などと怒鳴り、高橋巡査の胸を七〜八回突くなどの暴行を加えたうえ、二本松さんの逃走を阻止し逮捕しようとした巡査が車のドアの内側にいるにもかかわらず、ドアを閉めるなどし、右手にドアを強くぶつけて巡査の職務執行を妨害した。結果、高橋巡査は全治約十日間の右手関節打撲を負った、とされている。

高橋巡査は、公務を執行する警察官であると同時に、証拠捜査を行なう「司法警察職員」でもあり、事件の記憶などをより正確に整理・保持する立場にある。しかし彼女の供述は、数日間で二転三転、その後も暴行内容や暴行箇所を何度も変えている。しかも右手に暴行を受けたとしていたのに、事件時には左手を上げつつ右手で二本松さんを指差し、「暴行、暴行！」と見物人に被害者アピールしていたのだ。

このようなことがなぜ起きたか。東京地検の二回目の取り調べで、その理由が判明した。検事が二本松さんに「奥さんは警察官が嫌いなの？」と聞いてきた。二本松さんが、「なぜそんなことを聞くのか」と尋ねると、検事は「婦警が奥さんに無視されたのでカチンときた（と言っている）」と答えたというのだ。

先述のように、月恵さんは寝起きでノーメイクだったため、前から歩いてきた警官から目を反らしただけだ。通常業務を行なう警察に、一般市民がことさら敬意を払う必要などどこにもないが、月恵さんはそのせいで夫が逮捕されてしまったと悩み、二本松さんの拘留中に六・五キロも激ヤセしてしまった。

重要なのは、後述するように、築地署が早い段階で身内の不祥事に気づいていたにもかかわらず、警察は絶対に間違いを犯さないという「無謬主義」から、一般市民に罪を転嫁したことだ。

この構図は、本書で後述する「高知白バイ事件」と非常によく似ている。停止中のスクールバスに猛スピードで衝突した白バイの警官が死亡した事故で、バスにいた二五名の生徒と教師、後ろの車に乗る校長も、全員が「バスは止まっていた」と証言したのに、裁判所は、八〇メートル離れた同僚警官の「バスは動いていた」との証言を信用し、バス運転手に「業務上過失致死罪」の禁固刑を下した（服役後再審を請求するも棄却）。

検察の考えた新たなストーリーと「脅し」

事件から十日後の十月二十一日、事件発生時に何が起こったかを再現し、撮影・記録する現場検証が行なわれた。ここに立ち会った警官らは、高橋巡査らの供述と、二本松さんの供述が大いに食い違っていることを知った。

高橋巡査が二本松さんに切符ケースを突き付け「免許証を出せ」と迫り、後方へ追いやった場面では、じつは二本松さんの方が追いやられたガードレール付近でよろけていた。その事実を知った警官らは「こんなこともあったのか」と驚きの表情を浮かべた。また、高橋巡査がドアに挟まれ負傷したという場面では、二本松さんが「早く帰してよ」と言いながらドアの内側に入ろうとしたが、外に立つ高椅巡査がドアを掴み離さないので、仕方なく外に出てドアを閉める場面が撮影された。検証に立ち会った警官らはこの時、ドアの内外の両者について「位置が逆だな」と呟いたという。

高椅巡査の供述が嘘とわかった警察・検察は、事件をあえて複雑化させるような、新たなストーリーを考え出した。それは、高椅巡査が二本松さんに「免許証を出せ」と切符ケースを突きつけ揉めた際、切符ケースを介した振動が高椅巡査の胸に伝わったという、複雑なものだ。

三回目の取り調べで、検事は「被疑事実の肘で巡査の胸を突く暴行は一回もなかった。障害は自傷」と二本松さんに告げたものの、しかし「二本松さんが巡査の切符ケースに触れていないとは言いきれない」とした。そのうえで「警察官が突き付けた駐車違反切符ケースに何度か触れた、警察官に振動が伝わったかもしれない。申し訳ない」という虚偽の調書にサインすれば、起訴しないと提案してきたのである。

その際、「警官の持ち物（切符ケース）に触れただけでも公務執行妨害になる判例がある」と、分厚い判例集からその個所を二本松さんに示し、「判例と闘うの？」と脅してきた。

起訴されれば長い間勾留される。しかも日本の司法は、起訴されれば九九・九％有罪になると聞いている。そうなれば店の営業にも支障が出る。なにより妻の月恵さんの体調も心配だなどと悩んだ末、二本松さんは苦渋の決断で検事の提案を受け入れ、調書にサインし、釈放された。「このまま終わるわけにはいかない」。しかしこれで二本松さんが納得した訳ではなかった。警察を出た車中で、すでに二本松さんは闘う決意を固めていた。

警察・検察の証拠隠滅との闘い

事件から二年後の〇九年十月二十九日、二本松さんは、虚偽通報で逮捕させた女性警官二人、捜査や取り調べ関係書類を作成した築地署員四名（東京都）、不当な拘留を請求し認めた検事（国）、それを追認した裁判官（国）を相手に、責任の所在と損害賠償を求める国家賠償請求訴訟を提訴した。当初、弁護士に断られたため、二本松さんは独学で法律の勉強を始め、訴状を作成していた。その後、日本国民救援会の弁護士二名の協力を得て、終結まで九年も要する長い裁判が始まった。

双方の言い分を作成した調書や、現場を再現したビデオ・写真などの証拠を精査し、目撃証言などを聞けば、おのずと真実が解明できると、多くの人は考えるだろう。しかし、実際はそう簡単ではない。全ての証拠を握る検察が、さまざまな理由で証拠の提出を忌避できる刑訴法四七条（但し書き）という理不尽な法律があるからだ。

それに対して二本松さんは、事件直後の現場検証の写真、一回目の実況見分で撮影された写真、二回目～三回目の実況見分で作成された調書、月恵さんの警察・検察での調書、二本松さんの築地署で作成された書類、および検察で二回作成された調書、二本松さんが不起訴で釈放された際の不起訴裁定などの開示を求めて「文書提出命令」を申し立てた。そのたび国と東京都は、「ない」「出す必要がない」「内部文書だ」等の理由で開示を拒み続けた。

提訴から二年後、検察が初めて開示した証拠は、負傷したという警官の「傷」、月恵さんの車やキー、切符ケースの写真など意味のないものばかりだった。ただし、この時、もう一点、非開示とされた実況見分時の写真に代わって、事件翌日に撮影されたと思われる、ある再現写真が提出された。これがのちに二本松さんの無実を晴らす決定打になるとは、その時には二本松さん本人も思いも寄らなかったという。

二本松さんらは、それ以降も粘り強く「文書提出命令」を申し立て、一三年十一月二十九日、請求した十五文書のうち、①高橋巡査の警察署と検察庁での調書②渡邊巡査部長の警察署での調書③二本松さんの「現行犯人逮捕手続書」④一三年十一日作成の実況見分調書（添付写真は事故直後ではなく、その後、築地署周辺で新たに撮り直したものだった）の四点が認められた。

一方で、二本松さんらは十名を証人申請したが、裁判所は二本松さんと月恵さん、そして女性警官二名の四名しか認めなかった。

法廷で突き付けられた嘘のストーリーのほころび

一三年十一月二十九日、高椅巡査が証人尋問に立った。東京都の代理人が、同年九月二十日に作成した「再現実施結果報告書」を示し、「男性（二本松さん）は、証人（警官）に詰め寄ってきてからどうしましたか？」と尋ねた。高椅巡査は、「肘で胸を数回ついてきたため、咄嗟に胸に当たってはいけないと思い、持っていたカバン（切符ケース）で覆いました」「カバンに当たった強い衝撃を受け、後ろのほうへ後ずさりしました」と証言した。逮捕から十九日目に、検事に提案され、二本松さんが認めざるをえなかったストーリーに沿った証言だ。

身内の代理人の質問には、よどみなく答えていた高椅巡査だが、原告側の今泉義竜弁護士の質問には、回答を二転三転させたり、「覚えていない」と言ったり、自身の供述をはぐらかすような態度を見せた。

そして、大勢の傍聴人が見守る法廷で、高椅巡査の真っ赤な嘘がばれるときがきた。

今泉弁護士が、事件当日に作成された「実況見分調書」（文書だけで、写真は開示されていない）を示した。そこには現場に立ち会った警官が「被疑者に腕で突き飛ばされた地点」が書かれていた。今泉弁護士は、「現行犯逮捕手続書」では「肘で突かれた」に変わるなどと何度も変遷していると指摘したうえで、再度、暴行を受けた際の様子について尋問した。

高椅巡査は、主尋問で都の代理人に聞かれた時と同様「肘で胸を数回突いてきたため、胸に当たってはいけないと思い、持っていたカバン（切符ケース）で覆いました」と繰り返した。

そこで、今泉弁護士は前述の写真を高椅巡査に示した。事件翌日、現場から離れた築地署付近で撮影された写真だ。最初に提出されたその写真には、切符ケースなど写っていないではないか（右下写真）。

今泉弁護士はつきつけるようにこう聞いた。「事件を再現した当日の写真では、あなた、カバンを持っていませんね。これはどういうことですか？」

切符ケースの振動が伝わったという筋書きなのに、事件のすぐあとの再現では切符ケースは持っていない。嘘に嘘を重ねたストーリーに無理やりねじ込んだ捏造が暴露された瞬間であった。だんまりを決めこんだ高椅巡査は、答えを求めるかのように代理人の方に目をやるしかなかった。

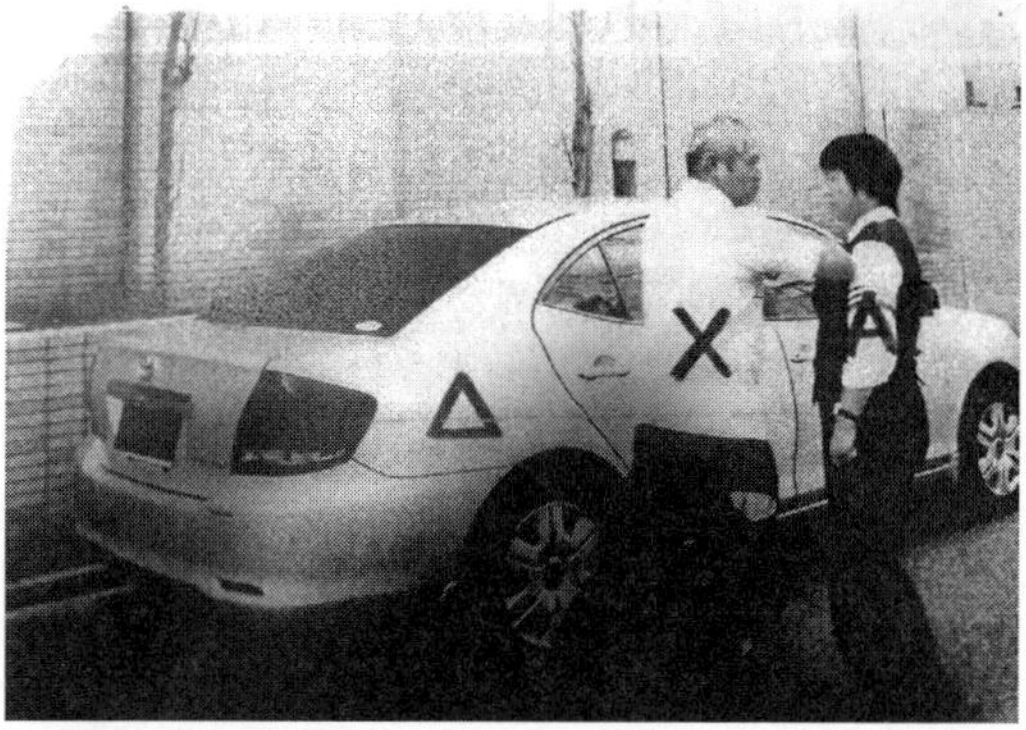

検察が開示した再現写真。「暴行」とされたきっかけである切符ケースを持っていない

起訴猶予で提訴の国賠で初めての勝訴

一六年三月十八日、東京地裁・松村徹裁判長は、「被告・東京都は、原告・二本松進に対して二四〇万円及びこれに対する平成十九年から支払い済みまで年五分の割合による金員を支払え」と、東京都の責任を一部認める判決を言い渡した。

判決文は、高橋巡査の供述が「手をL字に曲げて小突く」「腕で突き飛ばす」「胸等を両肘などで強く突いてきた」など、暴行の形態も箇所も何度も変遷している点について「看過することのできない変遷または齟齬があった」とした。さらに、車のドア越しで揉めた際、高橋巡査が右手に負傷を負った件や、無線通報した時期について、高橋巡査の供述をことごとく否定した。

二本松さんは、責任が問われたのは東京都のみであることや、築地署、検察、裁判所が、女性警官ら、とりわけ高橋巡査に責任を被せ、「トカゲのしっぽ切り」で終わらせようとすることが許せず、彼らの責任をさらに追及するために控訴した。しかし、東京高裁は、二本松さんらが提出した目撃証人による証言を認めただけで、請求を棄却した。

最後に、逆転敗訴の危惧がありながらも控訴した、二本松さんの強い思いを「意見陳述書」から紹介する。

「控訴人らの被害は、この八年半余りも経た事件、裁判を経験した者でなければ分かり得ない程大きく、このような被害、体制、法、裁判を未来に向けて放置しておくことは、絶対に許せないと更なる裁判を続けることは避けたかったのですが、控訴して、この事実を訴えることを決意せざるを得ませんでした。この事件の控訴審では、一審で行われなかった重大な証拠の精査を行うことにより、秘密主義ではなく、証拠主義による正しい判断を下して、未来に向けてこの事件のような警察、検察等の最強権力による『冤罪作り』が出来なくなるシステム等を構築する契機として戴きたいと存じます」

二本松さんは、刑訴法改正と共に国賠法改正が必要と訴えている。

京都俳優放火殺人事件

検察側主張に数々の矛盾
無実を訴えると重刑に

平野義幸さん

二〇〇三年一月十六日午後二時過ぎ、京都市下京区の平野義幸さん（当時三十八歳）の自宅で火災が発生、交際中の女性（同四十七歳）が焼死した。半年後の七月三十日、京都府警五条署は平野さんを、殺人と現住建造物放火の罪で逮捕する。

平野さんは一貫して無実を主張したが、検察は無期懲役を求刑、〇五年三月二十五日、京都地裁は「残虐で非道な犯行」として平野さんに懲役十五年の判決を下した。平野さんは無罪を訴え控訴したが、〇六年四月二十八日、大阪高裁は審理を行なわないまま、平野さんが「反省していない」等の理由で一審判決を破棄し、求刑通り無期懲役を言い渡した。その後、最高裁で上告が棄却され、刑が確定、平野さんは現在、徳島刑務所で服役している。

じつは平野さんは、火災後二回にわたって現場検証を行なった検察官から「（放火で）逮捕することはない」と告げられていた。その後、四月の異動で交代した検察官が再度現場検証を行なったのちに、平野さんを逮捕した。その間、いったい何があったのか？

女性は平野さんの〝恩人〟だった

平野さんは、三池崇史監督の「荒ぶる魂たち」「新・仁義の墓場」等に大地義行の芸名で出演する俳優だった。火災発生前の数年間に、兄のように慕っていた男性をはじめ、親友の俳優（故・菅原文太さんの長男で、〇一年に踏切事故で死亡）、妻を立て続けに亡くし、自暴自棄の状態に陥っていた。

焼死したAさんは、平野さんの交際相手だったが、同時に「あんたは絶対俳優やらないとあかん」「（亡くなった三人が）あんたに何を望んでいるかは、あんたが一番よくわかってるやろ」と平野さんを励まし、再び俳優業ができるよう、背中を押してくれた、いわば〝恩人〟でもあった。

火災当日、平野さんは東京で営まれる深作欣二監督（同年一月十二日死去）の告別式に参列予定で、そこで会う映画関係者に渡すため、自身の出演映像の編集作業などを一階で行なっていた。二階にはベッドが二台置かれ（次ページイラスト参照）、南側ベッドに前日から泊まりに来ていたAさんが寝ていた。

午後二時過ぎ、平野さんが服を取りに二階に上がると、階段上付近に灯油ストーブのカートリッジが倒れ、Aさんが座り込んでいた。「何をしているの?」と平野さんが尋ねると、Aさんは「あんた、誰?」と言ったり、目の前の何かを手で払いのけるしぐさをしたりと、明らかにおかしな様子だった。

実は、平野さんもAさんも覚せい剤を使用することがあった。平野さんは、Aさんが覚せい剤を使ったと考え、何かあったら危険だと、手をガムテープ、足はテレビのコードで縛り、舌をかまないよう口にハンカチを詰め、その上からガムテープを貼った。

その後、平野さんが再び一階で作業をしていると、二階でドーンと音がした。慌てて上がると、南側ベッド付近でAさんが倒れていた。平野さんは、Aさんが苦しくて倒れたと思い、手足を縛っていたガムテープやコードを緩め、口のテープを外し、こぼれた灯油を拭くため布とごみ袋を取りに一階に降りた。

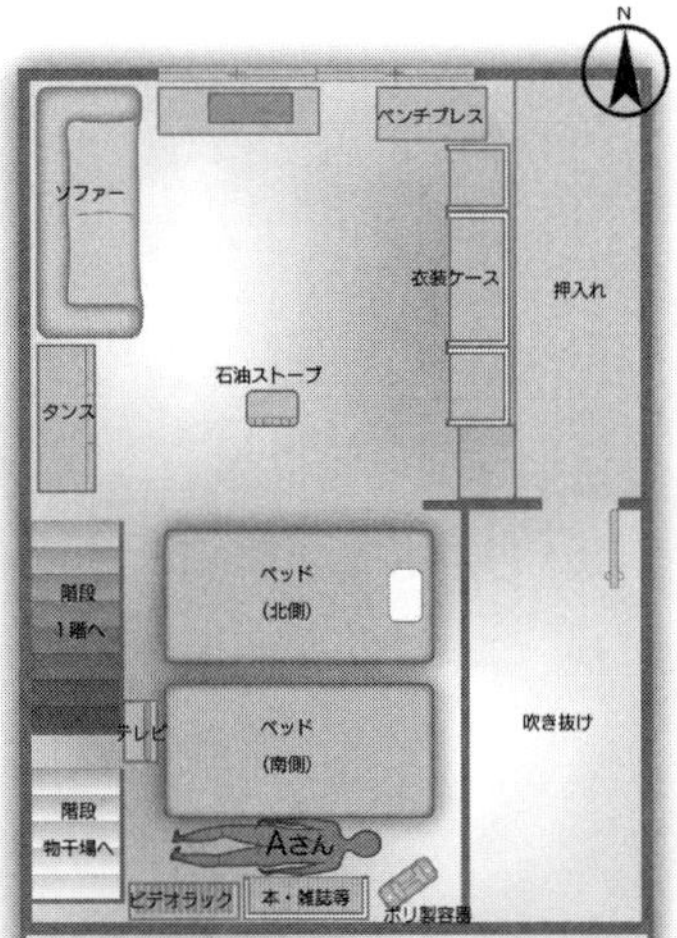

火災発生現場(平野宅2階)
「平野義幸さんを支援する会」提供

するとその時、二階からAさんのなんともいえない声と、飼い犬の鳴き声が聞こえてきた。慌てて戻ると、Aさんのいた南側ベッドの脇（南側）から炎が上がっていた。平野さんは、Aさんをベッドに引き上げようとしたが引き上げることができず、ベッドに尻もちをついてしまう。平野さんは咄嗟に燃えているものを後ろに放り、火を消そうと布団を被せたが、逆に燃え上がってしまった。

平野さんは、一階に降り、階段の途中からバケツで風呂の水を火にかけたり、消火スプレーで消そうとしたが効果がなかったため、家の表に出て近所に助けを求めた。Aさんは、駆け付けた救急隊員により病院に搬送されたが、その後死亡が確認された。遺体は真っ黒に炭化し、司法解剖の結果、血中の一酸化炭素ヘモグロビン濃度が極端に低く、気管・気道には煤片などがほとんど混入していないことから、出火と同時に瞬時に亡くなった「熱傷死」とされた。

警察は当初「失火」を検討していた？

消火活動で火傷を負った平野さんは、病院で治療を受け、その後警察署で事情聴取を受けた。その際、ポケットから覚せい剤に使用するパイプが見つかったため、その場で逮捕された。平野さんは、覚せい剤事案では過去の事件で執行猶予中だったため、四月十四日、京都地裁で一年二月の有罪判決が下された。

一方、火災事件では、捜査本部が立ち、初動捜査段階から検察官も加わり、会議や現場検証、司法解剖等の捜査が行なわれた。その捜査に関わった検察官が、三カ月間で二度の現場検証に立ち会った結果、前述のように平野さんに「放火で逮捕することはない」と告げたという。

また、火傷を負った平野さんが、治療のため留置場から警察病院に行った際、過去の事件などで顔見知りになっていた刑事に廊下で待ち伏せされ、こっそり「失火罪」と書かれた手帳を見せられたこともあった。更に刑事には「SMやってたんか?」などと聞かれたり、「手が後ろで括られていたのか、前で括られていたのか、括られてなかったのか、ようわからん」等と、捜査内容を仄めかされることもあった。

こうした検察・警察官の言動について、平野さんはあたかも「失火罪」で手を打っておけと言われた気がしたと、筆者への手紙に書いている。しかし平野さんにそんな気など毛頭ないため「吐き気がしたのを覚えています」とも綴っていた。

この「SM」について、Aさんにその種の性的指向があったかどうかを、筆者も平野さんに手紙で尋ねた。答えはその通りだった。前日に平野さん宅に来たAさんはSMビデオを二本持参していたが、SMに関心のない平野さんはその内容を見ていない。しかし、普段の性行為の過程で、平野さんも、Aさんにそうした性的指向があることを知っていた。覚せい剤でおかしくなったAさんの手足を緊縛したり口を塞いだ際に、Aさんが抵抗しなかったと平野さんは打ち明けるが、そこにはそうしたAさんの性的指向も関係しているのかもしれない。

ただし、平野さんはこのことを、弁護士にも一切打ち明けていなかった。理由は、自分が愛した女性の性的指向を他人に明かすのは、はばかられたというのだ。また、そんなことをいちいち言わなくとも、自分が無実である証拠はたくさんあるし、「ましてや裁判官様はわかってくれると思っていた」と平野さんは手紙に書いてきた。その考えは、今となっては甘かったといえるが、裏を返せばその甘さこそが、平野さんが犯人でない証拠ではないかと、筆者は考える。

警察官も取り調べ中、平野さんに「ＳＭやってたんか？」「（Aさんの持ってきた）ＳＭビデオは観たんか？」等と何度も聞いてきたという。このことからは、警察・検察官も当初、押収したＳＭビデオを観て、ガムテープなどによる緊縛行為がＳＭプレイの延長である可能性であることを、念頭に置いていたのではないかと推測できる。そのうえで、灯油がこぼれた状態をしばらく放置し「失火」に至った可能性があると考えていたのではないか。

しかし、警察は、平野さんを殺人等の容疑で逮捕し、検察官は、平野さんが九歳年上のAさんの存在を疎ましく思い、殺害に及んだと主張し起訴した。これに対して地裁判決は、「被告人が同女（Aさん）の存在を負担ないし邪魔に思い、自由になるために同女の殺害に及んだなどとする検察官の主張を認めるに足りる証拠は存在しないというべきである。結局のところ本件における被告人の犯行動機については、関係各証拠によっても判然としない」と結論づけ、何によって火をつけたか等の犯行態様についても検察官の主張を退けて「不明」とした。

検察官の無期懲役の求刑に対して、一審判決が懲役十五年だったのは、裁判官の一人が無罪を主張したのではないかと、当時の弁護団は考えたようだ。しかし、大阪高裁は平野さんに「反省の色がない」とし、一審判決を破棄して、求刑通りの無期懲役を下した。

平野さんを犯人とする検察ストーリーの破綻

前述の通り、当初、担当した検察官は、平野さんに「(放火で)逮捕することはない」と何度も告げていた。しかし、四月に交代した検察官が再度実況見分を行ない、火災から半年後の七月末、平野さんを逮捕した。新たな検察官は何を考え、どのような実況見分が行われたのか。

実は、新たな検察官の四月以降の実況見分に立ち会ったのは、火災直後に消火・鎮火活動に携わった消防隊員とは別の消防職員Nだった。実況見分調書には「本件発生後二回におよぶ検証の結果からは、殺人等の容疑性を断定できず、被告人を別件で逮捕しても、被告人を犯人と断定できなかったので、本実況見分を実施した」とある。

こうして、火災から半年以上経った現場をもとに作られたのが、平野さんを放火殺人犯とするストーリーだった。そこに見られる多くの疑問点を、以下検証していこう。

①検察は、二階に灯油を撒き放火し、Aさんを焼死させることができるのは平野さんしかおらず、しかも平野さんにAさんに対する強い殺意があったため、Aさんは火災発生時から焼死するまで緊縛されていたと主張した。しかし、司法解剖によれば、Aさんの「口腔・咽頭・気道粘膜の熱性変化」が認められ、火災で口から空気(炎)を吸い込んだことが判明していた。つまり平野さんの証言通り、火災発生時には、Aさんの口のガムテープは剥がされていた可能性が高いのだ。

また手を縛ったガムテープの残焼物は右手にのみ残っており、左手にはなかった。実験では、ガムテープが熱で縮むこと、同時に熱では剥がれないことが明らかになっていた。つまり、Aさんの遺体の手に残ったガムテープは、火災の熱で剥がれたのではなく、火災発生前に剥がされた可能性が高いということだ。

また検察は、Aさんの遺体が、炎から身を守ろうとする「ボクサースタイル」をとっていないことからも、手足が緊縛されたままだったと主張した。しかし、遺体を解剖した京都府立医科大学の安原正博教授は、公判で「死に至る時間があまりにも短く瞬時だったので、そういうスタイルをとっていなくても不自然ではない」と証言した。さらに「(もし両手が緊縛されていれば)曲がり方が制約される」との所見や、「このような熱傷死の場合は、焼身自殺の場合を除外すると極めて少ない」などと、Aさんの自殺の可能性についても言及していた。

②検察は、火をつけることができたのは、平野さん以外にいないとの主張を裏付けるため、火災直後の現場検証に立ち会っていない前出の消防職員Nを証言台に立たせ、出火点をAさんのいた南側ベッドから離れた北側ベッド北西角付近だと証言させた。確かに、北側ベッドの北西角付近は、一階へ降りたり、洗濯場に上る階段があり、風通しが良く激しく燃えてはいるが、そこ以上に燃えていた場所が別にあった。それが、Aさんの遺体が発見された南側ベッドの南側である。

火災発生直後の現場検証で撮影された写真には、出火点とされる北側ベッド北西角付近の床は激しく焼けてはいるが抜け落ちてはいないことが確認される。一方、Aさんの遺体が発見された南側ベッド付近の床には抜け落ちた部分があった。

さらに不可解なことに、Aさんの遺体の上部付近は屋根近くまで焼け抜けていたが、検察側が作成した現場の図面では、そのことに関する記述が全くなかった。

③検察は、平野さんがAさんの救出活動等に加わらず傍観していたとして、論告で「Aさんが救出される可能性を自ら閉ざし、飼い犬は救助してもAさんを救助するために行動を全く起こさなかった」等と主張した。

しかし、数々の目撃証言から、検察のこの主張は否定されている。平野さんが何度も燃えさかる家に入ろうとしたため「このままでは義くん（平野さん）の命が危ない」と、近所の住民が数人がかりで平野さんに「膝カックン」して膝をつかせ、止めたことが裁判で証言されている。また、一緒に救助に入ろうとしたWさんら二名が、平野さんが「熱い熱いと叫びながらも、それでも必死になって助け出そうとしていた」と供述した検面調書もある。日頃、平野さんをあまり良く思っていなかったという近所の住民が、平野さんが必死でAさんを助けようとしていたと証言しているのだ。

自殺を仄めかしていたAさん

京都地裁が判決で「判然としない」と書いたように、そもそも平野さんに、思い出のつまった自宅を燃やしたり、新たな映画のオファーのチャンスを投げ打ってまで、Aさんを殺害する動機は見当たらない。

一方、Aさんは、平野さんと交際しながらも、「目の前から消えます。タブーを犯してしまった……謝ってもすまされないことかもしれないけど、無駄な時間を過ごさせてしまいました。ごめんなさい」「私は死にました。今の私は来世に向かって生きているのです」等と、平野さんとの関係に悩み自殺を仄めかすような言葉を多数、日記やノートに残していた。そして、当初、検察はそれらの証拠の開示を頑なに拒否していた。

こうした経緯から、平野さんと弁護団は、Aさんが覚せい剤を使用して精神的な錯乱状態を起こし、発作的に焼身自殺を図ったのではないかと主張した。実際、Aさんの遺体からは一ミリリットル中〇・三グラムという相当量の覚せい剤が検出されている。当時Aさんが尋常でなかった様子を、平野さんは「壊れていた」と証言している。

ほかにも、検察は、平野さんが二階に七リットルの灯油をまいたと主張し、平野さんのセーター、ズボンを開示したが、一番灯油をたっぷり含んでいるであろう平野さんの靴下は「発見されていない」とされ、未だ開示されていない。消防署の「出動記録」「消火活動記録」も未開示のままだ。それら未開示の証拠のなかに、平野さんの無実を証明する証拠があるのではないか。

検察の描いたストーリーの最大の破綻は、前述②の「出火点」だろう。検察は、冒頭陳述では、出火前にAさんがいた場所を、出火点の北側ベッド北西角から離れた南側ベッド付近としていた。しかし、裁判の途中に「南側ベッド上」に変更し、論告求刑では「北側ベッド北西角付近」に、ころころと変更している。炭化したAさんの遺体の状況から、Aさんが火災発生後すぐに焼死したこと、すなわち出火前にAさんのいた場所が出火点に近くなければならないことが明らかになったからだ。

無残な亡くなり方ではあったが、一審判決のように、Aさんが「迫りくる炎の恐怖となぜ被告人からそのような目にあわされなければならないのかという混乱の中で命を落とした」のではなかったことだけは明らかだ。

ここまでつじつまがあわず、逆に自らの主張を破綻させていくような検察のストーリーを、あろうことか裁判所は信じた。覚せい剤は違法である。また、ＳＭといえば特殊な性癖と受け取る人も多いだろう。しかし、それにすがるしかない状況に置かれた人々が、社会的・精神的弱者とはいえまいか。この裁判は、裁判官という立場の人たちが、そうした弱者を裁くことの困難さを露呈させた。

覚せい剤をやっていた、暴力的だった等々、社会的に許されないことをやっていたからとの理由で、その人に冤罪の罪を負わせていいなどということは断じて許されない。

京都高校教師痴漢事件

一人の人生を狂わせた少年と周囲の大人たち

橋本さんに有罪判決を下した京都地裁

二〇一八年九月二十五日、京都府の高校教諭・橋本幸樹さん（当時三十二歳）は、いつも通り高校に向かおうとした際、自宅にやってきた京都府警の警察官に「京都府迷惑行為防止条例違反」で逮捕された。警察官に「痴漢容疑」と告げられたものの、橋本さんは、何のことかさっぱりわからなかった。そのため、「動画がある」「動かぬ証拠がある」などと脅されても、一貫して否認し続けた。

橋本さんに痴漢されたと被害を訴えたのはAという男子高校生（当時十五歳）で、橋本さんに面識はなく、当然記憶もない。「事件」について語れるはずもなく、取り調べもろくに行なわれないまま橋本さんは勾留・起訴され、十二月に裁判が始まった。

翌一九年七月、京都地裁（戸崎涼子判事）は、橋本さんに有罪判決（懲役六月、執行猶予三年）を言い渡す。橋本さんは即日控訴したが、二〇年二月、大阪高裁（三浦透裁判長）は棄却、上告するも同年七月二十二日付で、最高裁も棄却。刑が確定し、橋本さんは職を失ってしまった。

二十回も痴漢に遭ったと主張するA

当時、橋本さんが利用していたのは、ＪＲ線のＺ駅を七時一九分または二八分に出発する電車だった。橋本さんは降車駅ですぐ降りられるよう、列の最後からドア近くに乗り込む習慣があった。

「被害者Ａ」も橋本さんと同じＺ駅から通学しており、五月から九月に橋本さんが逮捕されるまでの間、電車内で約二〇回痴漢被害を受けたと訴えていた。Ａは、「痴漢された」と友人や教師に話しており、それを聞いた教師からＡの両親に連絡が入った。驚いた両親はＡに「犯人」の写真を撮るよう指示した。

Ａは、両親からだけでなく、友人からも犯人の写真や動画を見せてと迫られていた。一八年六月六日付のＡが友人とやりとりした　ＬＩＮＥ（ライン）では「俺（Ａ）が撮った動画みせたるわ」「おくれや」「ないから」「ないんかい」「ないー」などとある。

そしてＡが六月十一日、「犯人」として撮影したのが、同じ車両にいた橋本さんだった。

公判で明らかになったAが撮影した一〇枚の写真からは、最初、Aが橋本さんの全身が撮れるほどの遠くから写真を写し、自分から徐々に橋本さんに近づき、最後に橋本さんの近影を写したものであることがわかった。それを見た母親は、犯人の姿だけでなく顔や痴漢被害の様子を撮影するよう再びAに指示した。そのためAは、二日後に、いつも通り最後にドア付近に乗車した橋本さんのうしろから電車に乗り込み、橋本さんを動画で撮影した。

動画には、橋本さんが右肩にかけた鞄を腕で挟みながら、ドア横の手すりに右手を置いている様子、その後、Aが橋本さんの方に体の向きを変えて股間付近を接近させる様子、その際、橋本さんがAを避けるように右手を手すりの反対側に移した様子も映っていた（これらの点は高裁判決も認定している）。

警察沙汰になるとは思っていなかったA

さらに「犯人」を特定する必要性に迫られたAは、六月二十九日、とんでもない行動に出た。Aは、夜八時過ぎに降りたZ駅でぐうぜん橋本さんに遭遇した。すると、「駅のエスカレーター上がってるんやけど、犯人が俺の後ろの方にいる」などと母親に電話をした。しかし裁判では、駅の防犯カメラの映像には、母親に電話したその時刻、Aが橋本さんの後ろを歩く姿が映っていたことが判明した。

この点について、裁判でAは「(母親に)間違って言ったかもしれない」と証言している。電話では母親が、犯人に先に行かせるよう助言しており、Aが母親に実際とは違う状況を伝えたことは確かなようだ。

その後もAは、駅前のスーパーに立ち寄った橋本さんの後を追い、再び母親に電話して「え、まじでついて来てる。ちょっとちょっと。ちょっと待って」などと、橋本さんにつけられているかのように語った。Aはさらに橋本さんをつけ回し、駅前の駐車場を出る橋本さんの車のナンバーを母親にラインで送った。

こうしてAは、実際は自分が橋本さんを執拗につけ回しているにもかかわらず、あたかも橋本さんにつけ回されているかのように、自作自演で被害者役を演じたのである。

この「つきまとい事件」を心配した両親は翌日、警察に被害届を出す。驚くことに、この時Aは、自宅で寝ていたのだ。しかも、A自身は、警察に行くことを拒んでいたことも、母親の供述調書から判明した。その後、警察から呼び出されたAは警察に、六月十三日に撮影した橋本さんの動画を提出した。

Aはその日、警察から「犯人」より早い電車に乗るよう指示されたため、それ以降は、警察の指示に従ったという。しかし、それから九月に橋本さんが逮捕されるまでの間、橋本さんと同じ電車に乗っていないはずのAは、再度橋本さんに一〇回ほど痴漢されたと主張した。Aの主張は、この時点でまず自己矛盾しているのである。

一方、警察に被害届を出した数日後、Aの父親が、橋本さんを降車駅から追跡し、橋本さんが高校の教師であることを調べた。その報告を受けた警察が、色めきだったことはいうまでもない。衝撃的な「高校教師による特定男子高校生への連続痴漢事件!」。京都府警は、そこからマスコミが喜びそうな〝ハレンチ教師〟の検挙にこぎつけたいと、杜撰な捜査に突き進んでいったのである。

同行警乗で痴漢行為を確認できなかった

八月、複数の警察官が橋本さんを尾行し「行動確認」を行なったが、特段不審な点を見つけられなかった。そのため警察は、九月二十日と二十一日、延べ七名の警察官を動員し、二日間で合計四〇分間の同行警乗を行なった。Aと一緒に電車に乗り、橋本さんの痴漢行為を現認し、現行犯逮捕するためだ。

一日目の九月二十日、いつも通り乗客の最後尾で電車に乗った橋本さんの後ろから、Aとともに警察官が乗り込み、橋本さんをじっと注視していた。しかし、橋本さんの痴漢行為を現認することは出来ず、現行犯逮捕はできなかった。

このとき、Aより先の駅で降りた橋本さんを、二人の警察官が尾行した。Aから痴漢の被害申告を受けた場合、連絡を受けた警察官らが橋本さんを準現行犯逮捕するためだった。しかし、二十日も翌日二十一日も逮捕は行なわれなかった。

また、この同行警乗の責任者だったN警察官は、その後すぐには捜査報告書作成の指示をせずに、九月二十五日になって「痴漢行為は現認できなかった」旨の報告書を作成し押印した。これらの客観事実からは、警察官らが痴漢行為を現認していなかったことは明白だった。

にもかかわらず京都府警は、「痴漢行為は現認できなかった」との報告書を作成した九月二十五日に、六月十三日の動画を証拠に、橋本さんを逮捕する暴挙に踏み切ったのである。逮捕すれば、橋本さんが自白すると見込んだのだろう。しかし、冒頭のように、全く身に覚えのない橋本さんは「自白」しようがなく、取り調べがまともに行なわれることはなかった。

橋本さん逮捕の翌日、警察に呼ばれたAは、同行警乗が行なわれた九月二十日に「犯人」を撮影したという、別のもう一枚の画像を提出した。ロングシートに座る格子柄のシャツを着た男性の上半身が写る画像に、Aは、自分の立ち位置、犯人の手の位置など細かな注釈を書き加えていた。

この画像を受け、N警察官が「犯人が僕のちんちんをズボンの上から触ったときに、自分のスマホで撮影した」などとするAの供述調書を作成している。

この時点で、読者の頭には大きな疑問符が浮かんでいるはずだ。本件捜査責任者のN警察官は、同行警乗した際、橋本さんが痴漢行為を行なわないか注視していたはずで、当然その日の橋本さんの服装や立ち位置を覚えているはずである。

同行乗車された日の橋本さんは、格子柄シャツを着ていないし、ましてやロングシートに座ってもいない。つまりAが提出した画像の人物は橋本さんではないのだ。しかし、同行警乗したほかの警察官の誰も異議を唱えないまま、この写真を証拠に橋本さんは再逮捕されてしまった。

再逮捕後の検察官の取り調べで、この画像を初めて見せられた橋本さんに、検察官は「これ、橋本さんですか」と聞いた。橋本さんは「いいえ、違います」と答えた。「橋本さんでなかったら、犯人でないことになりますね」。検察官は戸惑うようにそう述べたという。

改めて考えてほしい。当時Aは、中学生から高校生になったばかりである。Aと友人とのラインでは「痴漢にあっている爆笑」「ストーカーしたった爆笑」などと、痴漢を不安がるというより、ゲーム感覚でふざけている様子も見られた。Aが痴漢被害を訴えたのも、ちょっとした悪戯心からで、周囲が騒ぎだしたことで引っ込みがつかなくなったのかもしれない。加害者を特定しなければならない事態を強いられ、さらに警察沙汰にまで発展し、橋本さんを犯人に仕立てるしかなかったのではないか。

本来なら、両親や教師など周囲の大人たちが、彼の行為の矛盾を指摘し、間違いを改めさせる必要があった。しかし、誰もAに真相を問い質すことのないまま、裁判が始まってしまった。

公判で明らかになったAと警察官のウソ

裁判が始まるや、Aのウソが徐々に明らかになっていく。その一方で、十五歳の少年とはいえ、法廷でのAの「ふてくされた」ような態度も際立ってきた。

橋本さんと弁護団は、公判に臨むにあたって、Aが友人に送っていたライン履歴の全てを厳密に精査した。その結果、たとえば橋本さんが電車に乗っている時間帯に、すでにAが学校にいたことや、降車駅に到着していた事実等が判明していた。そこから、Aが橋本さんと同じ電車に乗った日は、せいぜい四日、被害があったとする日を含めても六日しかないことが明らかになっていた。

Aが主張する、五月から九月までの間に二〇回も痴漢被害にあうことは、現実的に不可能なのだ。

法廷で弁護人が、その事実をAに突きつけ、訂正を促した。しかしAは、「毎日のように同じ電車で通学していた」などと頑なに訂正を拒んだ。「嘘をつかない」と宣誓した法廷の、とりわけ事件の重要部分で、Aは現実にそぐわない自身の証言に固執したのだ。そのような態度で証言するAを見た両親・教師・警察官・検察官・裁判官らはAの証言を信用できたのだろうか。

A以上に悪質なのは、Aの証言の数々の矛盾に気づきながら、「高校教師による連続痴漢事件」

を立件したいがために、証言の補強に加担していった警察官・検察官・裁判官だ。

とりわけN警察官は、九月二十五日作成の報告書では「痴漢行為を現認できなかった」としながら、十月二十五日の検察官取り調べでは、「私の目線からは、被疑者の右手の甲の部分がA君の股間部分に触れているように見えました。ただ単に触れているように見えるだけでは痴漢の現行犯として逮捕することは十分ではないと思い、その場で被疑者を捕まえることはしませんでした」と供述を変遷させた。

さらに「できれば現行犯逮捕したかったが、今回の事件は被害者も男性、被告人も男性ということで、このような特殊な現場を見たのは初めてだったから（逮捕しなかったの）です」と痴漢行為があったとまで供述を変遷させた。

実はこのN警察官、先の捜査報告書に加え、供述調書では、「先ほどお話ししたようにこの日は車内がぎゅうぎゅう詰めの状態で、ほかの場所に移動することもままならなかったため、被疑者の痴漢を現認できるようにすることができない状態でした」と述べている。ここからN警察官の証言に信用性がないことは言うまでもない。

検察官も、公判途中で、AやN警察官の証言の矛盾やおかしさに気づいたと思われる。しかし、同じくメンツと組織防衛のため彼らを必死で庇い、有罪立証に突き進んでしまった。検察の「公益の代表者」たる姿はどこへいったのか。

一方、有罪判決を下した京都地裁の戸崎判事は、刑事裁判官として経験が浅いとはいえ、あまりに杜撰・幼稚な公判進行に終始し、弁護団に「これほど読みにくい判決は初めてである」と言わしめている。

たとえば、Aが二〇回被害にあったとの虚偽証言については、「その回数という記憶や表現の仕方に齟齬が生じてもやむを得ないといえる事柄につき弁護人が主張するような齟齬があることをもって、A証言の信用性が揺らぐものではない」、六月二十九日の「つきまとい事件」がAの自作自演だとする弁護団の主張については、「弁護人の指摘する程度の食い違いがあることをもって六月二十九日の出来事をAの自作自演であるということはできない」などと、Aを必死に救済し、客観的証拠に基づく弁護人の主張をことごとく否定した。

また、橋本さんを犯人と認定した動画について「被告人が握った状態の右手を後ろから回ってくるようにして、股間付近に近づけて押し付けるようにしてきたというAの証言は本件動画によって強く裏付けられる」などと、客観事実にすら反する信じがたい判断を下した。

A以上に悪質だった警察・検察・裁判官らは、当時少年だったAが虚偽証言を繰り返したうえ、無実の橋本さんに有罪判決を下させ、職を奪わせたことについて、どう責任をとるつもりなのか。

最高裁判例に反する大阪高裁判決

二〇〇九年四月十四日、六十代の男性が「女子高生」に執拗な痴漢行為を働いたとされ有罪判決を受けた事件で、最高裁第三小法廷は、一審・二審を破棄し、男性に無罪判決を言い渡した。判決の補足意見として、被害者が「具体的詳細」「迫真的」に証言しているなどの表面的な理由だけで信用性を肯定することは危険だと述べられている。

痴漢は当然ながら許しがたい犯罪だが、一方で、痴漢冤罪が増えている昨今、画期的な判決となった。とりわけ、女性が述べる痴漢行為が執拗かつ強度であるのに、積極的回避行動をとっていなかったことも、その証言に疑問を抱く要因となったようだ。

Aの行動も、これと全く同じだ。しかし二審の大阪高裁（三浦透裁判長）は、「つきまとい事件」でAが橋本さんの後ろにいた事実を認めているのに、争いのないこの事実を正反対に評価した。一審・二審の誤りの主な原因は「被害者の供述は信用できる」との根拠のない先入観に基づいていることだ。橋本さんへの判決は、痴漢事件に大きな警鐘を鳴らした先の最高裁判例を無視し、逆行した悪質極まりない誤判だったと言っても過言ではない。戸﨑判事、三浦裁判長には恥を知れと言いたい。

では、今後どのようにすれば、橋本さんは雪冤することができるのだろうか。

冤罪犠牲者を救済する手段に再審制度があるが、再審開始には新たな証拠の提出が必要とされている。しかし本件では、橋本さんを無罪とする有効的な証拠は原審で提出し尽くされている。それ以上の新たな証拠を提出せよとは、あまりに理不尽だ。

橋本さんは再審制度について「冤罪事件の犠牲になった者にとって法整備が必要です。早急に法整備がなされることを望んでいます」と述べる一方で「原審で証拠を裁判所が正当に評価しているのか否かを確かめる制度も必要ではないかとも感じています」と強く訴えている。

再審法改正も非常に重要かつ、再審開始を訴える全国の冤罪被害者にとっては喫緊の課題だ。

本件の場合、もう一つ考えてほしいことがある。当時Aの周囲にいた人たち、大人になったAも、どうか真実を話してほしい。A自身も前に進むために。

東金女児殺害事件
「供述弱者」の自白の裏で残されたいくつもの謎

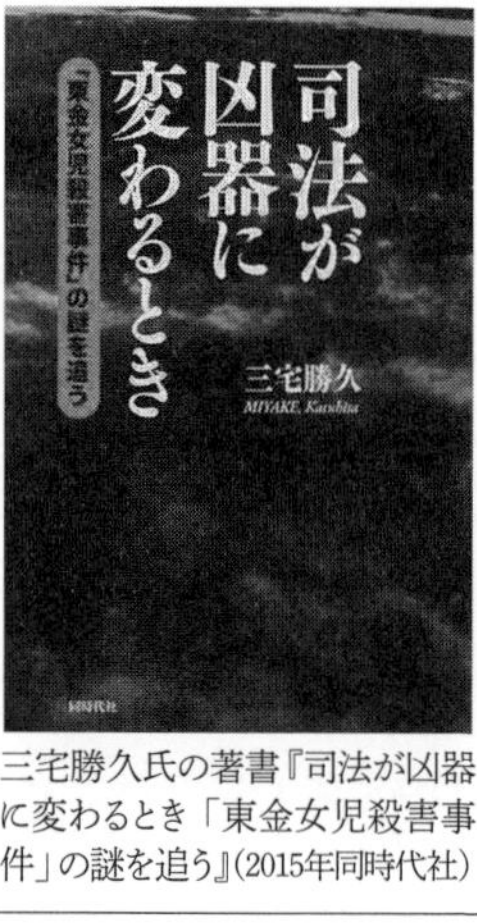

三宅勝久氏の著書『司法が凶器に変わるとき「東金女児殺害事件」の謎を追う』(2015年同時代社)

二〇〇八年九月二十一日、千葉県東金市で五歳の女児が殺害され、その後路上に遺棄された事件で、千葉県警東金署は二カ月半後、遺体遺棄現場近くに住む知的障害を持つ男性・勝木諒さん（当時二十歳）を逮捕した。

以下、公判を傍聴し続けたジャーナリスト・三宅勝久氏の著書『司法が凶器に変わるとき「東金女児殺害事件」の謎を追う』（同時代社）に書かれた詳細な裁判記録を元に事件を検証する。

詳細は後述するが、被告人質問でのやりとりをみると、勝木さんは、弁護人より長い時間をともに過ごし、「優しく怒らない」警察官や検察官に心を許し、彼らの言いなりに犯行を認めてきた様子が伺える。

そんな中、裁判は、勝木さんを犯人とする客観的証拠が明らかにされないまま結審し、一一年三月四日、千葉地裁（栃木力裁判長）は、勝木さんに懲役十五年（求刑二〇年）を言い渡した。弁護団が控訴するも、九月二十九日、東京高裁（村瀬均裁判長）は控訴を棄却、一二年三月二十七日、最高裁は上告を棄却し、刑が確定した。

不問にされた「指紋不一致」

起訴状や検察側の冒頭陳述によれば、勝木さんは事件当日の午前十一時四〇分頃、自宅近くの病院周辺にいた女児を抱きかかえて三三〇メートル先の自宅マンションに連れ去り、好きなアニメの話などをしていたが、女児が「帰る」と泣きだしたため困惑。更に女児に「ばか」と三回言われて激高し（勝木さん調書の言葉では「暴走モード」に入り）、女児を浴槽に沈め溺死させた。女児の衣類・靴等を二つのレジ袋に入れるとマンション三階の窓から下の駐車場に投げ捨て、裸の女児を一九〇メートル離れた資材置き場のプレハブ小屋前に運んで遺棄した、とされている。

この日、女児は、祖父が院長を務める病院に、看護師として働く母親とともに泊まっていた。夜勤明けの母親は仮眠室で寝ていたため、女児は一人で遊んでいた。新聞報道によれば、女児が最後に病院内で複数の関係者に目撃されたのは正午過ぎとされていた。当日は休日で病院は正午で閉院するが、事務室にやってきた女児が「まだお母さんの仕事終わらないの？」と聞いてきたという。資材置き場で女児の遺体が発見されたのが午後一二時二五分だから、連れ去りに始まる犯行は、わずか二十分ほどの間に行なわれたことになる。

ところが、その後、最後の目撃情報が一一時四〇分頃に変更された。勝木さんを犯人にするために、だ。その勝木さんだが、当日の事件直後、友人と自宅で遊んでおり、逮捕までの日常生活も変わりはなかった。

勝木さんが死体遺棄容疑で逮捕されたのは二カ月半後の十二月六日で、逮捕の決め手は、女児の衣類等が入ったレジ袋に付着した指紋が、勝木さんのものと合致したということだった。しかし勝木さんの逮捕状請求時に提出された指紋が、どこでどのように採取されたかは不明だ。

逮捕後、勝木さんの弁護に当たった副島洋明弁護士（二〇一四年死去）は、障害者の関わる事件を多数扱ってきた経験を持つ。副島弁護士が元栃木県警鑑識課員の斎藤保氏と監察医の上野正彦氏に依頼した鑑定では、指紋は「不一致」との結果が出ていた。

しかしその副島弁護士が、突然、関係者に理由も告げず辞任してしまう。そして新弁護団は、犯行事実は争わず、勝木さんの訴訟能力・責任能力を争点とする方針に転換した。結局、「指紋不一致」の証拠は、裁判では提出されなかった。こうした弁護団側の動きも大きな謎として残った。

勝木さんの逮捕後、捜査官は勝木さんと母親の住む自宅を、三日間捜索し、六〇〇〇本もの毛髪を採取していた。しかし、女児の毛髪は一本もなかった。連れ去った際、女児は足をバタバタさせていたとの勝木さんの証言があるが、真昼間、人通りの多いその周辺で、女児を抱きかかえる勝木さんの姿や女児の叫び声等を聞いた者は一人もいなかった。

そして、前述のように、正午過ぎに女児を病院内で見たとの複数の関係者の証言は消され、最後の目撃時刻が一一時四〇分とされたのである。つまり検察の主張する犯行ストーリーを、勝木さんではできないからだ。事件の背景はまさに謎だらけなのだ。

「供述弱者」

〇三年に滋賀県で起きた冤罪事件、いわゆる「湖東記念病院事件」では、患者の呼吸器を外し殺害したとされた西山美香さんに対して、再審弁護団や精神科医らが「なぜ、やってもいない犯行を認めていったのか」と疑問をもち、発達障害以外の障害があるのではと推測、刑務所内で精神鑑定を行なって、軽度の知的障害が判明した。

西山さんのように、容疑をかけられながら捜査機関に迎合し、言いなりになってしまう被告を「供述弱者」と呼ぶ。勝木さんもそうではなかったか。以下、勝木さんの裁判の様子を前述の三宅氏の著書から引用していく。なお、一部表記を漢字に改めた。

一審で弁護側は、法廷内のモニターに裁判用語を次々と映しだし、勝木さんがどの程度理解しているかを確認していった。「裁判官」「検察官」というのは何をする人かと聞かれ、勝木さんは、しばらく考えたのち「わかりません」と答えている。

警察官については「逮捕したり…あとはわかりません」。目の前で質問する「弁護人」も、「以前はよく知っていましたが…今はわかりません」。「証人」「精神鑑定医」も同様だ。「黙秘権」については弁護人から「言いたくないことは言わなくていいこと。これはいろんな人に言われましたか」と聞かれ、「金子さんや…山田さんに言われました」と答えている。千葉地検の金子達也検事と千葉県警刑事捜査一課査の山田和秀警部補のことで、とくに勝木さんの証言で頻繁に出てくるのが金子検事だ。

勝木さんの証言には、彼の「犯人性」を疑わざるをえない箇所も多数見られる。殺害理由を、女児に「ばか」と三回言われたからと説明したが、「なぜばかと言われたか」については「多分、短気なところをつかれたと思います」と答えている。

ちなみに、勝木さんが調書で述べたとされる「暴走モード」とは、彼が好きな人気アニメに登場するロボットが制御不能になった状態を指す。ただし「暴走モード」という言葉自体はアニメには出てこず、それを題材にしたパチンコ機にのみ登場する用語との指摘もある。しかし、勝木さんがパチンコを趣味にしていたとする証言はない。

アニメにはない「暴走モード」、その状態を表す「制御不能」など、勝木さんの証言には、誰かに教えてもらったのではと思われる、少し難解な用語を使う場面がよく出てくる。女児を浴槽で溺死させたあと「お腹のあたりを押して」人工呼吸をした際、「水と吐しゃ物が出ました」や、女児が「死んでいたか生きていたと思ったか」と聞かれ、「死んでいたと思う」、その理由を「心音を聞いたから」などだ。

断っておくが、私は、知的障害のある勝木さんが難解な用語を知るはずがないと言うつもりはない。それでも、「刑事」「弁護士」「裁判官」「黙秘」などについて、ほぼ「わからない」と証言した勝木さんが、一方で「吐しゃ物」「心音」「制御不能」といった言葉を本当に口にしたのかと疑ってしまう。

「吐しゃ物」について追加尋問を行なった検事が、「吐しゃ物って何ですか」と聞くと、勝木さんはしばらく黙り込んだのち、「吐しゃ物です」と答えた。そんな勝木さんに検事は、助け舟を出すように「取調べでは水と吐しゃ物がでましたと言ってるけど、ゲボと吐しゃ物は一緒かな」と聞いた。「えーと…ゲボより吐しゃ物の方がいいかなと」と勝木さんは答えている。

金子検事は、勝木さんが取調べで「吐しゃ物」と言ったというが、では「ゲボ」は誰が言ったのか？　勝木さんではないか。それを検事が「それは吐しゃ物とも言うのだよ」と言い聞かせ、そう証言するよう促したのではないか。

勝木さんが金子検事に気を許しているのは、以下の検面調書からも見て取れる。前掲書から主旨を引用する。

まず、〇九年一月十二日。

〈金子検事「裁判でもちゃんと話す努力をしろ」

勝木さん「はい。自信ないけどがんばります。でも言えなかったら検事さんが読んでください」

金子検事「何を?」

勝木さん「調書ですよ」

次いで、同年四月十七日。

金子検事「今日で事件の取り調べは最後になる予定」

勝木さん「今日で終わりなの? みじか。もうちょっとあってもよくない?」(雑談)

金子検事「法廷では僕らも君が話しやすいようにいろいろするからね」

勝木さん「はい」

勝木さんの証言には、不可解であったり、整合性に欠ける内容も多い。とりわけ証言で何度も出てくる「怖い」という言葉の認識だ。

勝木さんは、犯行を両親に言えなかった理由を「怖くて」と話している。一方で、入院中の父親に会いに行った際に相談しようと思わなかったのかと聞かれると、「私はお父さんっ子なので言いません」と返答。続けて「お父さんっ子とは」と聞かれると、「怒ると怖いからです」と答えている。質問と答えがちぐはぐだ。

「怖い」について「具体的にどういうことか」と聞かれるたび、勝木さんは言葉に詰まり、「どう表現すればいいかわかりませんが、お母さんにいくと（筆者注・犯行が知られると）怒られると思いましたので、怖かったです」と表現するに留まっている。

つまり勝木さんの「怖い」は両親に叱られる程度のことで、犯行の発覚後、逮捕・有罪判決・刑務所での服役などを想定していた様子はない。

それについて、弁護人から具体的に聞かれる場面がある。モニターに写された四択から「あなたにとって『怖い』とは、次の四つのうちどれですか。①口にするのも怖い、②怒られる、③捕まることや刑務所に行くのが嫌だ、④相手に嫌われてしまう」と聞かれ、勝木さんは「①です。…①と②、④です」と答えている。やはり勝木さんは、犯行を自白したにもかかわらず、その「怖い」の中に③「捕まることや刑務所に行く」ことは入っていないのだ。

金子検事との関係

金子検事が勝木さんに大きな影響を与えたこと、勝木さんが裁判中も金子検事に褒めてもらうため、必死で彼の望む「被告人」を演じていたであろうことも容易に推測される。

裁判を担当した小池検事は、冒頭でこう自己紹介した。「検察官小池から聞きます。諒君とよびます」と勝木さんの下の名を親しげに呼んだのち、「諒君、君の調べをした検事は、金子検事と仲戸川検事さんですね。私も検事という仕事をしています。ですからよく思い出して答えてくださいね」。検事・弁護士・裁判官など、法廷内にいる人物がどのような立場か理解していない勝木さんに、金子検事の名前を出し、私も仲間だと安心させようとしている。

小池検事から、女児を連れ去る際に「〃小歩き〃のように行った?」かと聞かれた勝木さんは「可能性もあります」と答えた。続けて「〃小歩き〃というのは普通に歩くより速い?」と聞かれると、「分かりません」と答えている。先の「吐しゃ物」「心音」同様、「小歩き」も勝木さんが口にしたものではない可能性が高い。金子検事から「そんなに早く走れないが、歩くより少し早い歩き方かな?そういうのを小歩きというのだよ」と教えられたのではないか。

もう一つ、「勝木さんがそんな言葉を使うだろうか」と疑問に思う表現が「小娘」だ。小池検事が、勝木さんが女児を殺害するほど激怒した心境を質問した際、最初勝木さんは「少しは頭にきましたが…」「まあ頭にきました」としか答えなかった。すると小池検事は、勝木さんの証言から、どうにか迫力や説得力のある「殺意」を引き出そうと、「許せないなと思いませんでした?」「女の子にバカにされて許せないなとは思いませんでした?」と繰り返し質問し、あげく「女の子にバカにされて、諒君の言葉で『許せんこの小娘め』と思ったんじゃないですか?」と聞いたうえ、さらに「金子検事の調書の通り、『幼い子にバカにされて、許せんこの小娘め、と思った』ということ？」と畳みかけた。

しかし、ここで勝木さんは初めて「本当は訂正しようとしたんですが、言い出せなかったのです」と答えた。金子検事が作成した調書の、何を訂正しようとしたのか定かではないにしても、勝木さんが自発的に、「この小娘」などと本当に言ったのかは疑わしいことがわかる。

読者の中には、被疑者が口にしないことを検事が勝手に調書に書くはずがないと考える人がいるかもしれない。もちろん被疑者が「私はそんなことは言っていません」「ちょっとニュアンスが違います」と訂正を要求することは可能だ。しかし、そもそも勝木さんは「調書」の意味を理解していない。

前出の西山美香さんは、担当の山本刑事に好意を抱いたために、供述調書を勝手に作成されてしまった。そのケースを例にあげよう。

調書には、およそ西山さんが話したものではないだろう記述があった。たとえば、西山さんが患者の呼吸器の管を抜いたあとの場面。「壁の方には、追いやった呼吸器の消音ボタン横の赤色のランプが、チカチカチカチカとせわしなく点滅しているのが判りました。あれが、Tさん（死亡した患者）の心臓の鼓動を表す最後の灯だったのかもしれません」。井戸謙一弁護団長によれば、山本刑事の調書は全編このような小説的な感じだったという。

また呼吸器を外された患者が苦しむ様子は「口をハグハグ、目をギョロギョロ」と書かれ、確定判決はそれを「現場にいた人でなければ語れない迫真性に富む」と表現した。一方、弁護団は、患者は大脳が壊死しており苦しみを感じられず「口をハグハグ」「目をギョロギョロ」することは、医学的にありえないと反論し、再審(無罪)判決では、その嘘が明らかになった。山本刑事が話を盛りすぎたのだ。

勝木さんの母親は、勝木さんには人の言葉、表現が気になるとすぐ真似て使ってしまうクセがあると、こう証言している。「ちょっと小難しい言葉を知ると使ってみたりするとか、少女コミックを読むとオネエ言葉になったり、歴史小説を読むと武士言葉になるとか」。

なお、勝木さんは裁判で、饒舌に証言する場面がいくつかあった。たとえば職場で上司に怒鳴られた場面を聞かれ、「うるさい、角刈りのたぬきじじいとは思いました」や、検事にどんな本が好きだったのかと聞かれた際には「『名探偵コナン』『ブリーチ』『ナガト』や…漫画ではそういう感じで、小説では『怪人二十面相』シリーズ、サスペンス」と答えている。

勝木さんの逮捕から約十四年、彼はすでに出所したのか、再審を考えているかなど情報はない。しかし、筆者は、犯人は勝木さんではないと確信している。障害のため体力が劣る勝木さんが、白昼堂々、身長一〇八センチ・体重一八キロの女児を抱え、三三〇メートル離れた自宅に誰にも見つからずに連れ去り殺害、着衣等を捨てたうえで、遺体を再び一九〇メートル離れた場所に遺棄できるのか。それも、女児と対話し、激高して殺害を決意して実行、遺体が発見されるまでを含めわずか四十数分（当初は約二十分）の間に、だ。

副島弁護士が、勝木さんが通った養護学校高等部の教師から聞き取った話が残っている。「五〇メートル走る運動があったんですが、被告人にとってそれも大変な苦痛で『地獄の特訓』と呼んでいたそうです」「もともと知的障害者の方は、運動機能、発達機能が遅れているんですね。いろんな意味で行動が遅い。運動が苦手…」。卒業後、勝木さんが勤務していた貸し布団業者の従業員も「布団三枚は運べず、二枚（筆者注・約六キロ）ずつ運んでいた。一〇メートルずつ休みながら運んでいた」と話している。

当初の関係者の証言では、最後に女児が目撃された（会話をした）のは正午過ぎだった。遺体発見が十二時二十分だから、勝木さんが二十分間でこの犯行を実行できないと考えた検察が、正午に目撃した複数人の関係者の証言をないものとし、女児の最終目撃情報を十一時四十分に変えた。つまり四十分あれば、「いろんな意味で行動が遅い」勝木さんにも一連の犯行は実行可能だっただろうと見立てたのだろう。しかし、たとえ四十分あっても、この犯行を勝木さんは実行できなかっただろう。筆者は改めて、そう確信する。

高知白バイ事件

事故直後から〝犯人〟は決められていた

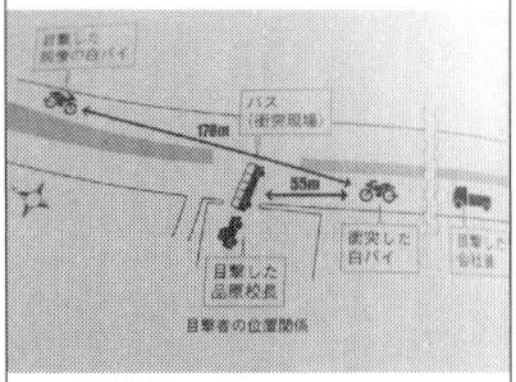

事故現場の略図

二〇〇六年三月三日、高知県旧春野町（現高知市）の国道五六号線で、遠足の中学生を乗せたスクールバスと高知県警の白バイの衝突事故が発生、バスを運転していた片岡晴彦さん（当時五十二歳）が、業務上過失致死傷罪容疑で現行犯逮捕された。

事故後、片岡さんは同土佐署に連行されたが、白バイ隊員（当時二十六歳）の死亡を告げられたあと、実況見分のため警察車両に乗せられ事故現場に戻った。ただし、捜査員に止められ車から降りられず、車内から事故現場を指さすだけだった。

三日後、片岡さんは釈放、その後、行政処分（一年間の免許取り消し）を受け、運転手の職を奪われる。

若い隊員の死を悼み続ける片岡さんに、八カ月後、思わぬ事態が訪れた。呼び出された高知地検で、事故時、片岡さんが運転するバスは時速五キロ〜一〇キロのスピードで走行しており、白バイと衝突すると急ブレーキをかけ、バイクを約三メートル引きずり停止したと告げられたのだ。

急ブレーキを踏んだ覚えがないため必死に抗弁する片岡さんに、検察官が見せたのは、片岡さんのバスがつけたという「ブレーキ痕」の写真だった。

片岡さんは「安全を確認する注意義務を怠った」として業務上過失致死罪で在宅起訴され、裁判で禁固一年四月の実刑判決が下された。しかし、その後、開示された高知県警の内部文書には、警察の作為とみられる点が、記されていたのである。

八カ月の間に何が起こったのか

〇七年一月十八日、高知地裁で始まった裁判の争点は、①事故時、バスは止まっていたか否か、②白バイの速度がどの程度だったかで、片岡さんは無罪を主張した。衝突事故に、自身の責任がまったくないとしたわけではない。すでに行政処分を受けているうえ、刑事裁判は民事裁判と違い、起訴事実の「過失」を巡って争うものだからだ。片岡さんは、事故が自身の過失から起きたものではないとして、無罪を主張したのである。

事故当時、片岡さんはバス駐車場を出たのち、左右を確認後ゆっくりと進行して中央分離帯で停車しており、事故前の時点でバスは止まっていたと主張、白バイの速度については「ロケットがぶつかってきたよう」と述べている。バス後方を自家用車でついてきていた校長も「何か物体が突っ込んできたよう」と述べており、白バイは相当な猛スピードだったことが想像できる。

一方、検察は「バスは時速五キロから一〇キロメートルで走行中であり」「片岡さんが右方向の安全確認を怠っていたため、右方向から法定速度六〇キロで走行して来た白バイに気づかず衝突させ、急ブレーキをかけたが、白バイ隊員をひきずったまま約三メートル先で停車した」と主張した。

片岡さん側には、生徒二二名と引率教諭三名、校長の二六名のほか、事故前、白バイの後ろを走行していた軽トラック運転手の計二七名の証言者がいた。片岡さんと面識のない軽トラック運転手は裁判で「白バイは一〇〇キロ近い速度まで加速し、車間距離を広げていった」と証言した。

一方、検察側の証人は、当日、偶然反対車線を取り締まりのため走行中だった同僚の白バイ隊員A氏のみだった。A隊員は、反対車線の約一三〇メートル離れた位置から、交差点のバスと一七八メートル先の白バイの両方を目にしたのち、交差点から約八〇メートルの場所で衝突事故を目撃したが、その際、バスは時速一〇キロ程度、白バイは六〇キロ程度の速度で走行しているのを目視で確認したと証言した。

不可解な「ブレーキ痕」の謎

同年六月七日、高知地裁の片多康裁判長は、検察側の主張を全て認め、片岡さんに、禁固一年四月の実刑判決を言い渡した。執行猶予もつかなかった。

判決は、白バイの速度については、「時速六〇キロか、それを若干上回る程度だった」と認定、最大の争点だったバスのブレーキ痕（判決文では「スリップ痕」と表記）については、検察が提出した一三五枚の写真のうち、事故直後の写真にも写っていること、つまり片岡さんの逮捕前から存在したこと、やじ馬や報道関係者らが大勢いる衆人環視の状況にあったことから、警察官が短時間でブレーキ痕を捏造することなど不可能であると認定した。

一見もっともらしいこの言い回しだが、果たしてそうだろうか？

当日、事故現場には四〇人以上の警察官が捜査にあたっていた。午後二時五五分〜五時一七分の長時間、事故車両の撤去をはじめ、距離の計測、破片の片付けや周辺の掃除など多数の作業が同時並行で行なわれていた。

陶山二郎・茨城大学准教授らによる論説「いわゆる『高知白バイ事件』の再審請求について」でも指摘されているように、「現場で事故車両の撤去作業等とスリップ痕の作為との違いを見分けうる人間は少ないといえなくもない」のではないか。なぜなら、片岡さんを有罪とする最大の証拠のブレーキ痕を、警察官は実況見分に立ち会った片岡さんに確認させていないのだ。

片岡さんは控訴し、同年十月四日、高松高裁で控訴審が始まった。地裁判決が片岡さんに「過失」があったとする最大の理由は、実況見分写真に写る右一メートル、左一・二メートルの「ブレーキ痕」や路面の擦過痕だった。

果たして、それらは片岡さんのバスが付けたものなのか、警察官らにより人為的に捏造されたものなのか？

弁護団は、交通事故鑑定人の石川和夫氏に依頼し、同年九月二十四日、事故当時と同型のバスを使って実験を行なった。支援者や当時バスに乗っていた元生徒八人ら計二七人が乗車し、重量を事故当時とほぼ同じにしたうえで、実況見分調書に沿って、バスの発進地点から六・五メートル走行し、急ブレーキをかけた。その後、石川さんが、バスの下に出来たブレーキ痕を測ったが、長さはわずか約三〇センチ、濃さも、目で見てわかるかわからないかの薄さだった。実験に参加した生徒たちは、「事故当時は横に揺れたんですけど、今さっきのは前に突っ込んでいくような感じだったので、全然違う」「こんな衝撃じゃなかったことは確か」と感想を述べた。

弁護団は控訴趣意書で、石川氏のこの「解析書」に加え、一審で提出された高知県警科捜研の「算定書」に対する大手自動車メーカー設計士の「意見書」、事故当時バスに乗っていた女子生徒が前の席の女子生徒二人を撮影した写真一枚と、急ブレーキをかけていれば、そのような安定した写真は撮れないと訴える陳述書を提出した。

しかし検察は、これら全ての証拠調べを「不同意」とした。加えて弁護団は三人の証人申請を行なったが、これも検察が「不同意」とし、裁判所で合議されたものの三人とも却下され、裁判はあっけなく結審されてしまった。

十月三十日、高松高裁・柴田秀樹裁判長は控訴を棄却した。「ブレーキ痕」捏造の疑いについて、一審判決と同様に弁護側の主張を否定。その根拠として、写真撮影報告書の十二枚の写真について「スリップ痕様のものは衝突直後から存在していた」とした。

一方、先端部分のみが濃くなっている不可解なブレーキ痕について、「事故によって漏れた液体がバスのタイヤの下に入り、バスを撤去した際に現れたもの」と認定した一審判決を「正確性に欠いている」としながらも、「この点の誤りは、スリップ痕様のものの由来の認定に影響を及ぼすものではない」とした。

また事故時の白バイの速度についてはA隊員の証言を認め、軽トラック運転手の証言を否定した。

弁護団は即日上告したが、〇八年八月二十日、上告棄却で実刑が確定、片岡さんは収監されることとなった。

最初から片岡さんを「加害者」と見立てていた

一〇年二月二十三日、片岡さんは加古川刑務所を満期出所した。家族がいるにも関わらず、仮釈放も認められなかった。その後、まもない十月十八日、片岡さんは高知地裁に第一次再審を請求した。その審理で、高知地裁の平出喜一裁判長は、高知地検に県警が提出した証拠写真のネガフィルムの開示を要請、片岡さん側による精査を許可するという画期的な判断を下した。

弁護団は、三宅洋一・千葉大学名誉教授にネガフィルムの鑑定を依頼。鑑定結果は、ブレーキ痕は人為的に作られたもので、現場写真には至る箇所に画像を切り貼りした跡が見られ合成の疑いがあるとの内容だった。

さらに前出の自動車事故鑑定人・石川氏からも「必ず付くはずのタイヤの溝の跡もなく、タイヤ痕は前輪にしかない。後輪はダブルタイヤなので、迅速に捏造できなかったため」などの説明も加えられた。

しかし、残念なことに一三年、平出裁判長と交代した武田義徳裁判長は、事実調べを打ち切り、裁判を早期に終結させるため、最終意見書を早急に提出せよと片岡さん側に迫ってきた。弁護団は裁判長の忌避を申し立てたが認められず、翌一四年十二月十六日、再審請求は棄却。弁護団は高松高裁に即時抗告を申し立てたが、一六年十月十八日、半田靖史裁判長は請求を棄却、最高裁第三小法廷も一八年五月七日付けで特別抗告を棄却し、再審開始の扉が開くことはなかった。

一方、片岡さんの妻の香代子さんは、片岡さんが収監中の〇九年三月二日、高知県と同県警の警察官六人に対し、一〇〇〇万円を請求する国家賠償請求訴訟を提訴していた（一二年十一月十三日、最高裁で上告が棄却）。

その過程で、支援者が高知県に情報公開請求を行ない、高知県警の二通の内部文書が明らかになった。

一つは、当時の県警本部長名で、警察庁長官官房や交通局などに事故の発生を伝える「事故報告書」、もう一つは、捜査員がどのような方針で捜査を行なうかについて書かれた「事件指揮書」で、いずれも〇六年三月三日、事故当日に作成されたものだ。

報告書は「警察官の殉職事案の発生について」との題名が記され、白バイ隊員は殉死した「被害者」、片岡さんは「加害者」であるとの設定が出来上がっていた。一方、事件指揮簿には「犯罪事実」として、片岡さんが「左右の安全を確認して交通事故の発生を未然に防止すべき業務上の注意義務があるのにこれを怠り（中略）折から右方道路より進行して来た隊員（当時26歳）運転の自動二輪車の発見が遅れ（中略）障害を負わせたもの」と書かれていた。

「障害を負わせた」……すなわちこの事件指揮簿は、白バイ隊員の死亡が確認される前に作成されている。

確認しておくと、この時点で片岡さんは警察署に連行されたものの、事故についての取り調べを受けることなく個室で待たされていた。三日目に釈放されるまでの間も、事故についての取り調べはほとんどなく、死亡した隊員に幼子がいるなどの身の上話ををこんこんと聞かされていたという。

そのため八カ月後、地検に呼び出された片岡さんは「ようやく事故の話を聞いてもらえる」と安堵したというのだ。

収監前、片岡さんは「納得して入りたい。判決理由で『反省の色がない』とあるが、何を反省したらよいのか、それを聞きたい」と話していた。しかし、納得できないままの服役となり、その思いは今も変わらない。そもそも片岡さんは、仕事で運転する際にはとりわけ、急ブレーキを踏まないようにと気をつけていたのだ。

子どもたちをも犠牲にした高知県警

「納得できない」のは、バスに乗っていた生徒たちも同じだった。「自分たちの言っていることが『違う』みたいに言われるのが凄い悔しい」と話す生徒もいた。

事故後、生徒たちも捜査官に話を聞かれたが、うち三人が警察署で事情聴取を受け員面調書が作成された。しかし、裁判に提出されたのは二人分だけで、窓側で白バイをもっともよく見ていたであろう生徒の調書は提出されなかった。

この生徒はバスの後方で半分空いた窓枠に手をかけ、事故の瞬間まで白バイを見ていた。事件を取材してきたＫＳＢ瀬戸内海放送（テレビ朝日系）の山下洋平記者の著書『あの時、バスは止まっていた』（ＳＢクリエイティブ）によれば、生徒は「結構白バイが遠くにいる頃から見えていて、白バイを目で追っていたが、本当に白バイが当たる瞬間くらいで白バイが横に倒れるのを見て、凄いスピードが出ているなと感じました」と話していた。

さらに「バスが前まで出ているんで、（バスが）行き過ぎるのを止まって待っている感じの車が何台かいた」と、バスが道路に出てからしばらく停止していたことを裏付ける内容も話していた。しかし、片岡さんを有利にするこの証言を、検察側は裁判に提出しなかったのである。

一方、裁判に提出された別の生徒の、事故から十カ月後に検察が作成した検面調書には、意図的に手が加えられたような箇所が見られた。事故直後、警察で作成された員面調書で「（白バイが）僕にとってかなりのスピードでバスの方に近づいてくる」とした箇所が、検察が作成した検面調書では「少し速めの速度で」に変わっており、さらに、検面調書にだけ「バスは衝突した瞬間にはゆっくりと動いていたことは間違いありません」と念を押すかのような証言が書かれていたのだ。

生徒本人は、「むこうから『こうやったね』って聞かれて、自分も記憶がそんなになかったので、その通りに答えたところもあるんですけど……バスは絶対動いてなかったといえる」と話している。中学生を言葉巧みに誘導し、恣意的な調書を作成させてまで片岡さんに罪をなすりつけ、高知県警が守りたかったものとは、いったい何だったのか？

これまで述べてきたように、この事件には多くの疑問が残る。それだけに、マスコミも後追い報道を続けており、前出の山下記者も出演するＫＳＢの報道は、現在もユーチューブで観ることができる。

例えば、事故を目撃したと証言したＡ隊員が走行していた対向車線からは、中央分離帯に人間の背丈ほどの植木が植えられており、事故の様子は見えなかったという疑惑だ。実際、植木は公判が始まる頃、八〇センチに刈られた。ほかにも、当時高知県警の白バイが国道を猛スピードで走る違法な高速走行訓練を行なっていたとの疑惑だ。「サイレンを鳴らさずに、バーと通るときはあったね。普通のスピードじゃない。ウー、ウゥーみたいな感じのスピード」「しょっちゅうですね、時速でいうと、多分一〇〇キロ以上じゃないでしょうか。見てわかります。普通の車を追い越していくわけですから、六〇キロ、七〇キロじゃないですね」。

これについて判決文は「緊急走行ではない白バイが、少なからぬ一般車両が通行する本件現場付近道路を、あえて無謀ともいえる高速度で走行したとは俄には考え難い」としている。前述の「衆人環視のもと、捏造するなど不可能」と同様、普通はそう考えるが、果たしてそうだろうか。

じつは、事故の一六日前、警察庁がだした「交通街頭活動中の殉死、受傷事故防止対策の推進強化について」との通達文がある。多発するパトカーや白バイの事故防止のための通達で、その中の「体験型・実践型教養訓練の積極的な実施」の項目では、「緊急走行、追跡追尾走行訓練」、「道路管理者と連携した交通規制訓練」などの体験型・実践型のプログラムを積極的に取り入れ、その効果的実施を図る」との指導内容が書かれている。指示された「実践型の訓練」とは、まさに一般道路を時速一〇〇キロの高速で走行する訓練ではなかったか。ちなみにこの高速走行訓練も、白バイ隊員が一人命を落とした事故のあと、行われなくなった。

事故にあった白バイ隊員は、赤色灯をつけてなかったため、取り締まり中でなかったことは、裁判で明らかにされている。取り締まりでもないのに、白バイが制限速度を超えて走行していれば明らかに「道交法違反」だ。つまり、「白バイが速度六〇キロだった」「バスは動いていた」などはすべて、この違法な高速走行訓練の実態を隠蔽したいがためのものだったのではないか。白バイ隊員を守るというよりも、組織を守るためだ。

そして、死亡した白バイ隊員もその訓練中だったならば、片岡さんは加害者ではなく、違法な訓練の被害者、そして白バイ隊員も被害者となるのではないか。

高知県警は〝警察〟の面子にこだわることなく、これらの疑問に答え、あの日、何が起こったのかを明らかにすべきだ。

名張毒ぶどう酒事件

開示された「五十九年目の新証拠」奥西勝さん無罪への一歩

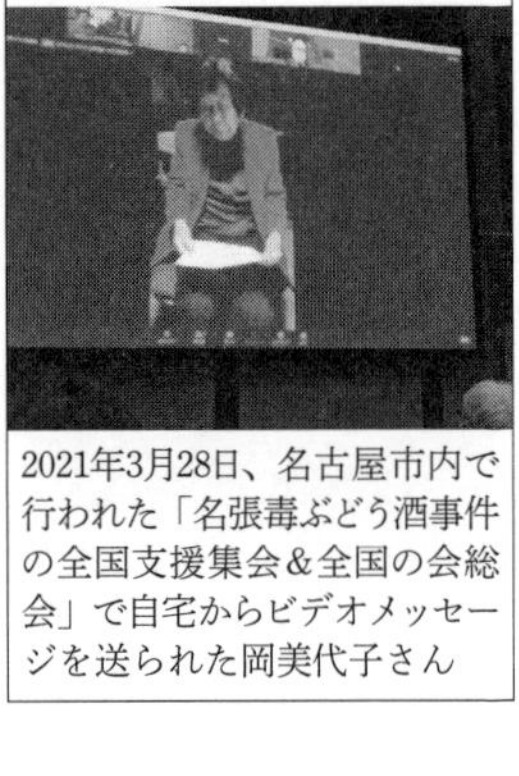

2021年3月28日、名古屋市内で行われた「名張毒ぶどう酒事件の全国支援集会&全国の会総会」で自宅からビデオメッセージを送られた岡美代子さん

一九六一年三月二十八日、三重県名張市葛尾の公民館で起きた「名張毒ぶどう酒事件」は、死刑囚とされた奥西勝さんが獄死した直後の二〇一五年十一月、妹の岡美代子さんが第十次再審請求を申し立て、審議は継続中だ。

名古屋高裁刑事一部・二部裁判長は、いずれも三者協議を行なわず審議を放置したまま、請求を棄却、刑事二部高橋徹裁判長に至っては、三度も申し立てられた「忌避」を却下しながら、審議中にとつぜん依願退官した。

一方、新たに鹿野《かの》伸二裁判長が着任して以降、五十九年間隠されてきた新証拠が開示されるなど事態は一変、奥西さん無罪へ向けた新たな局面を迎えつつある——。（追記にあるように二

（二〇二二年三月名古屋高裁は棄却を決定、現在弁護団は最高裁に特別抗告中）

犯人は奥西さんしかあり得なかったのか？

地区の親睦会で出されたぶどう酒を飲んだ女性五名が死亡、十二名が重軽傷を負ったこの事件で、六日後、三重県警名張警察署は奥西勝さん（当時三十五歳）を殺人罪で逮捕した。死亡した女性の中に、奥西さんの妻と愛人が含まれていたことから、三角関係を解消するため、犯行に及んだとされた。奥西さんは、連日の厳しい取り調べに一旦は自白に追い込まれたが、その後否認、再び自白したが最終的には否認し、その後は一貫して無実を訴えていた。

物証や目撃証言が乏しいなか、警察、検察は、ぶどう酒に毒物を混入できる人物は、奥西さんしか存在しないと主張した。理由は地元住民らの以下のような証言からだった。

その一人、住民Aは、事件当日、町会長に頼まれてぶどう酒を購入し、会長宅に運んだが、その時刻を「午後五時過ぎ」と供述した。奥西さんが、その後まもなく会長宅を訪れ、ぶどう酒を公民館に運んだため、会長宅でぶどう酒に毒を混入する時間はなく、毒物を混入できる機会は、公民館で奥西さんが一人になった一〇分間しかないとされた。

Aは、当初、「午後二時に運んだ」と供述していたが、逮捕された奥西さんの自白後に「午後五時」に変えていた。もし「午後二時」であれば、ぶどう酒が会長宅に置かれていた間に誰かが毒物を混入できる空白の時間が発生することになるからだ。

ほかの住民の目撃証言なども、奥西さんの自白を前後して不自然に変遷した。わずか八戸（当時）の小さな集落で、犯人捜しのために警察官を交えた「話し合い」が行なわれていたが、その過程で消去法で奥西さんが犯人とされたのだった。

一九六四年十二月二十三日、一審・津地裁の小川潤裁判長は、こうした住民の供述変遷のカラクリを「検察官のなみなみならぬ努力の所作」と皮肉を込めて批判し、奥西さんに無罪判決を言い渡した。

検察は、判決を不服として控訴、六九年九月十日、名古屋高裁の上田孝造裁判長は、ぶどう酒瓶の王冠に付いている歯形が奥西さんの歯形と一致するとして、一審無罪判決を破棄し、奥西さんに逆転死刑判決を言い渡した。

七二年六月十五日、最高裁の岩田誠裁判長が、上告を棄却し奥西さんの死刑が確定した。ぶどう酒瓶が届いたのは午後五時なのか、それとも二時なのか。公民館で奥西さんが一人になった時間があったのか、どうか。蓋を開ける際、瓶はどのような状態であったか。多くの供述調書や関連書類などが未開示で隠されたまま、再審請求が求められた。

じつは、第一次（一九七三年）から第四次（七六年）までの再審請求は、驚くことに奥西さんが一人で申し立ててきた。しかし新証拠などが提出できなかったため、いずれも二カ月から八カ月間で早々と棄却されていた。その後、日本弁護士連合会（日弁連）により結成された弁護団が加わり、奥西さんが犯人でない新証拠が次々と開示させていくことができた。

第七次再審請求審（二〇〇二年）では、死刑判決の根拠となった、ぶどう酒瓶の王冠に付いた歯形が、奥西さんの歯形と一致するとした松倉豊治大阪大学医学部教授の鑑定が、写真の倍率を操作した不正鑑定であることが明らかにされた。また、ぶどう酒瓶に奥西さんが混入したとする農薬と、瓶から検出された農薬が別物だとの新証拠も提出された。

〇五年四月五日、ついに名古屋高裁（刑事一部）・小出錞一《じゅんいち》裁判長は、奥西さんの再審開始と死刑執行の停止を決定した。

検察官は、即座に異議を申し立て、翌〇六年十二月二十六日、名古屋高裁（刑事二部）門野博裁判長が再審開始決定を取り消したが、一〇年四月、最高裁はその決定を再度取り消し、名古屋高裁に審理を差し戻した。一二年五月二十五日、差し戻し後の異議審・名古屋高裁（刑事二部）下山保男裁判長は、再審開始決定を取り消して請求を棄却、一三年十月十六日、最高裁・櫻井龍子裁判長もこれを追認した。

奥西さん無念の獄死と第十次再審請求

二〇一二年、肺炎を患い体調を崩した奥西さんは、名古屋拘置所から東京の八王子医療刑務所（当時）に移送された。人工呼吸器を装着し寝たきり状態のなか、一五年五月十五日、名古屋高裁に第九次再審請求が申し立てられた。

弁護団は、奥西さんの病状を考え、新たな証拠で早期に裁判所で審理してもらう必要があるとして、最高裁へ申し立てていた第八次再審請求の特別抗告を取り下げた。しかし、望み叶わず、奥西さんは十月四日、肺炎のため無念の獄死を遂げた。享年八十九歳、通算で半世紀余りの獄中生活だった。その後まもない十一月六日、兄の意思を受け継いだ妹の岡美代子さんにより第十次再審請求が申し立てられた。

これに対して名古屋高裁（刑事一部）山口裕之裁判長は、二年もの間、裁判官・検察官・弁護団で審理方針などを相談する「三者協議」（打合せ）を開かないまま、一七年十二月八日、請求を棄却した。異議審を審議する名古屋高裁（刑事二部）高橋徹裁判長も同様に、二年間、三者協議などを全く開かず、事件を放置するという不当な対応を続けた。

弁護団は三回にわたって裁判官らの「忌避」を申し立てたが、高橋裁判長は却下し続けながら、審理中の一九年十一月一日、とつぜん依願退官したのである。無責任極まりない対応だが、これも、三度にわたり忌避を申し立てたり、裁判所に抗議を続けた弁護団や支援者らの活動の成果であることは間違いない。

そして新たな裁判長への交代が、長い審議放置の暗闇に一筋の光を灯すことになったのだ。

鹿野伸二裁判長が新たに着任するや、長く放置されていた裁判がにわかに動き始めた。弁護団の面談の申し入れに対して、裁判所もなるべく早く顔合わせをしたいと応え、一九年十二月十八日、面談が実現した。弁護団は、その場で、①申立人の岡美代子さんが高齢であることから、早急な解決を望むこと、②ぶどう酒瓶に巻かれた封かん紙の裏面に付着する糊成分の再測定を許可してほしいこと、③検察官が未提出の証拠開示について、裁判所からも強く働きかけてほしいなどと訴えた。

弁護団の証拠開示命令の申し立てに対して、検察側は二〇年一月十日、ようやく意見書を提出してきたが、そこでは、少なくとも七名の住民の九通の未開示の警察官調書が存在することが判明した。検察は、「開示する必要はない」と主張したが、裁判所が強く開示するよう求めたため、三月三日、九通の調書が開示されることになった。事件発生から五十九年ぶりのことだった。

五十九年ぶりに開示された調書の驚くべき事実

検察側が「開示の必要はない」としていたのは、事件が起こった親睦会に参加していた住民七名の九通の警察官調書だった。そこには奥西さんの「自白」と矛盾する、驚くべき事実が書かれていた。

九通の調書は、いずれも奥西さんが自白した一九六一年四月二日よりも前、事件直後の住民の記憶が鮮明な時期に作成されたものだった。九通のうち三通の調書（女性二名、男性一名）は、警察の質問に対して住民が答える形式で、ぶどう酒瓶の口部分に撒かれた封かん紙について聞かれていた。当時の捜査機関が当初からこの点に注目していたことが良くわかる（調書はそのまま検察官に送致されていた）。

ここで、改めて確認しておく。ぶどう酒瓶の蓋は、「内蓋」（王冠）を、耳が付いた「外蓋」で覆い、その耳の部分がテープ状の「封かん紙」で巻かれていた（下写真参照）。奥西さんの「自白」では、ぶどう酒瓶に毒物を混入させるため、火ばさみで外蓋を突き上げて外したが、その際、外蓋に巻かれた封かん紙も破れ、王冠も封かん紙も落ちたままにしたというものだった。この「自白」通りならば、親睦会が始まる際、住民が見たぶとう酒瓶は、内蓋が絞められただけの状態であったはずだ。

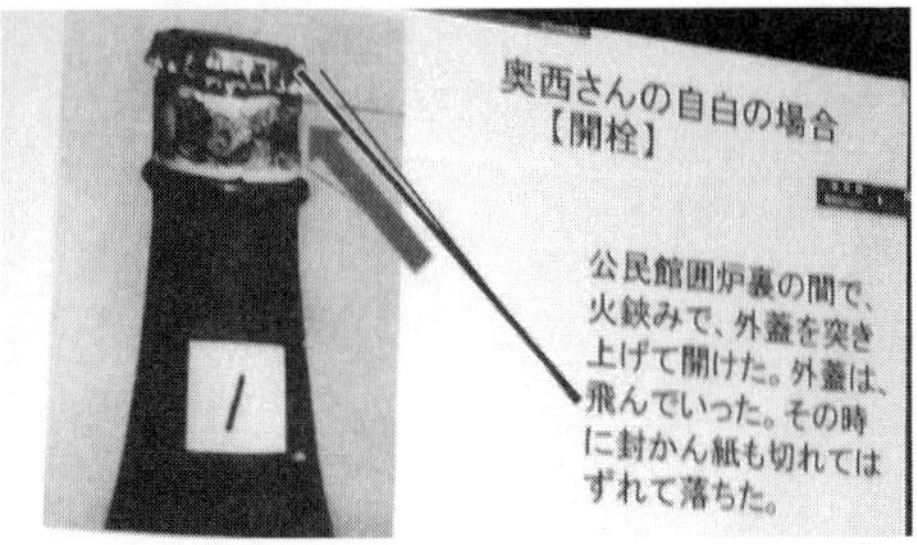

ぶどう酒瓶の口部分。外蓋の一部が残されている

しかし、一人の女性は、警察官に「ブドウ酒の瓶の蓋を取るのに、奥西さんが持っているビンの蓋の上についている封をしてある紙があったかどうか知っていますか」と問われ、「私の見

たことでありますが、ブドウ酒の瓶は裸ビンでありましたが、封をしてある処に紙がまいてあったと思います（紙とは封カンの事をいうようであります）」と答え、別の男性も同じ質問に「なし（流し）の前に立ててあるとき一寸見たら王冠の蓋に封した紙を巻いてありましたので、そのように思っております」と答えている。

この住民らの供述では、親睦会の始まった席上で開けられたぶどう酒瓶には、封かん紙が巻かれていたというもので、奥西さんの自白とは完全に矛盾するものだ。しかも、これらの供述は、後述するもう一つの奥西さん無実の証拠、すなわち封かん紙の裏側に、製造過程で使った糊（ＣＭＣ糊）の成分のほかに、家庭で使う洗濯糊（ＰＶＡ糊）の成分が検出されていたとする弁護団の新たな証拠とも合致するものである。

封かん紙裏側に付着した糊の成分の測定は、実は第十次再審請求が行なわれた二〇一六年一月にも実施していた。その際も、製造過程で付着した糊の成分と違う成分が検出されたため「真犯人が別の場所で毒物を入れ、（封かん紙を）貼り直した証拠だ」と主張し、その鑑定結果を提出していた。

しかし名古屋高裁は、分析結果が誤っていると否定し、一七年十二月に請求を棄却していたのである。

鹿野裁判長の許可を得た弁護団は、八月六日、裁判所において、澤渡千枝・静岡大学教授（当時）

による「フーリエ変換赤外分光高度計」（ＦＴＩＲ）を使って再測定を実施した。一六年の測定では、封かん紙の損傷を避けるため、本来より低い圧力で測定したが、再測定では通常の鑑定に近い高圧力をかけて実施した。より明確な成分を検出させ、測定を厳密化させるためだ。

再測定の結果、再び、封かん紙の裏面に付着した糊から、製造過程で使われた糊の成分と異なる、家庭で使われる洗濯糊に含まれる成分が検出された。

これは何を意味するのか？　一つは、封かん紙が真犯人によりいったん剥がされ、毒物が混入されたのちに別の糊で貼り直されたものであること。もう一つは、事件発生直後の住民らの供述が、奥西さんの自白―公民館の囲炉裏の間で、火ばさみでぶどう酒瓶の外蓋を突き上げて外し、外蓋はどこかへ飛んでいった。その際王冠を巻いていた封かん紙も切れて外れ落ちた。（毒物混入後に）内蓋を手で絞めて栓をした――と決定的に矛盾するということだ。

検察はすべての証拠を開示せよ

弁護団は、審議をさらに進めるため、当時、警察官から検察官へ送致された証拠などを独自に整理し、「送致証拠整理表」を作成した。そこには多数の空白が存在していることが明らかになった。これらが未開示の証拠であることは明らかだ。

中でも住民らの供述調書と考えられる部分は約一〇〇〇ページにも及んでおり、調書一通あたり約二〇ページとすると、未開示の供述調書が五〇通も存在することがわかった。ここには当然、ぶどう酒瓶が会長宅に届けられた時刻がいつかを明確にさせるものもあるはずだ。

弁護団はこれらを早急に開示させるため、五回もの「証拠開示命令申立理由の補充書」を提出してきた。

裁判所も、二月五日、検察官に対して求釈明を行なった。事件当日の親睦会参加者の供述調書、及びこれらの者に関する関係書類、公民館に運ばれたあとのぶどう酒瓶に関する捜査報告書などについて、現在弁護人に開示されているもの以外に存在するかどうか、存在する場合にはその証拠の標目を明らかにされたいとする「求釈明一」と、先に開示された九通の新たな調書について、〇六年八月、第七次異議審で、裁判所から、この「封かん紙が装着されていたのか、取り除かれていたのか等の本件ぶどう酒瓶の状況に関する関係者の供述調書」が存在するかどうか聞かれた際、検察官は「存在しない」と回答したが、その理由を明らかにされたいとの「求釈明二」の二点だ。

これに対して検察は、三月十四日、「現在弁護人に開示されているもの以外に、『開示すべき証拠』は存在しない」と回答してきた。未開示証拠の客観的な有無を問うているにもかかわらず、（絶対開示したくない）検察の主観を理由に開示を拒んできたのである。さらに〇六年の第七次異議審で「存在しない」と答えていた理由については、「調査不足」で漏れがあったなどと、居直るような回答を示してきた。これは明らかな検察の真実義務違反である。

開示すべき証拠かどうかを判断するのは検察官ではなく裁判所だ。しかもそれらの証拠は、私たちの税金を使って集められた「共有財産」であり、検察側の勝手な都合で開示・未開示が決まるようなことがあってはならない。

ぶどう酒到着時刻問題に決着を！

前述したとおり、奥西さんにしか毒を混入できる人物はいないとしたのは、住民らの「ぶどう酒瓶到着時刻」が次々と変遷したからだ。しかしその合理的理由は説明されていない。当初の供述調書なども開示されていない。

改めて整理してみる。ぶどう酒を親睦会に出席した女性らに提供すると決めたのは会長で、しかも決めたのは当日朝だった。

そして会長に頼まれ、ぶどう酒を購入し、会長宅に運んだAが、当初「二時」としていた到着時間に関しての供述を、その後変遷させ、最終的には五時前に運んだとした。そのため、その後まもなく会長宅から公民館にぶどう酒を運んだ奥西さんしか、毒物を混入できる人物はいないとされた。

しかし今回、五十九年もの長期にわたり、奥西さん無実を証明する証拠隠しが明らかになったのだ。検察官は直ちに、ぶどう酒が何時に会長宅に届いたか、正確な時刻を証明するために必要な証拠を全て開示すべきだ。供述を無理やり変えさせられた住民らも、未だに「誰かがうそをついている」「奥西さんに罪をかぶせた」などと、いわれなき中傷をうけ続ける、警察、検察らの犠牲者なのだから。

何より許されないのは、長期にわたり無罪の証拠を隠し続け、異議審などで無駄に審議を長引かせ、奥西さんを獄死させた検察、そして裁判所の非人道的な蛮行だ。

人の心を持った鹿野裁判長には、岡美代子さんに一刻も早く再審無罪を言い渡していただきたい。

二〇二二年三月三日、名古屋高裁刑事第二部(鹿野伸二裁判長)は、妹・岡美代子さんの再審請求の棄却を決定、弁護団は最高裁に特別抗告した。

あとがき

「冤罪」、あるいは無実の罪であることを明らかにする「雪冤《せつえん》」という言葉の中の「冤《えん》」の字は、おおい（冖）の下に無理に閉じ込められ、身動きできないうさぎ（兎）を示しているそうです。冤罪犠牲者はこのうさぎのような状態を強いられ、「雪冤」を希求する人たちです。獄中に囚われ、身動きできずに苦しむ人たち、支援者や弁護人にすら恵まれない人たち…これまで、この国で冤罪の犠牲にあった人たちは、一体どれくらいいるのでしょうか。冤罪に大小はありませんが、ささいな事件でも冤罪の犠牲を負わされ、闘えず、泣き寝入りを余儀なくされてきた人も多いはずです。

取材するなかで、私は、自身が冤罪の犠牲者であると知らない人が多いことも知り、たいへん驚かされました。桜井さんもそうだったそうです。当然かもしれません。この国に住む多くの人たちは、まさか警察や検察が、嘘をついたり、人を騙すとは考えてもいないでしょう。警察、検察、あるいは裁判所など司法行政に携わる人たちは、この国に住む私たちを守ってくれると信じています。

しかし、本書を手に取って頂いた読者の皆さんには、冤罪事件の実情を少しでも知っていただけたことと思います。警察、検察、さらには裁判所の判断が、現実とは全く違う事例が少なくないことをわかって頂けたと思います。一般的には信じらえないことかもしれませんが、警察、検察の中には、冤罪を平気で作る人たちが少なからずいる、残念ながら、それが現実です。冤罪は犠牲になった当人はもとより、その周囲の人たちに筆舌に尽くし難い困難・苦悩・犠牲を強います。死刑判決を受け、半世紀近くの拘留の後、ようやく再審に漕ぎつけた八十七歳の袴田巖さん、病床から無実を叫び続ける九十六歳の原口アヤ子さん、兄・奥西勝氏の無実を訴え、第十次再審請求中の九十三歳の岡美代子さん、多くの冤罪犠牲者及び関係者は、本当ならば無縁であるはずの刑事裁判や不当判決に見舞われ、人生のほとんどを、冤罪被害回復のために、時間もエネルギーも費やさなければならない。獄中に不当に繋がれた人の中には、支援者もおらず、声すらあげられない人もいます。そういう人たちを思うとき、私はいつも「理不尽」という言葉しか思いつきません。

冤罪を晴らすには、再審（裁判のやりなおし）で無罪を勝ち取るしか方法はありません。しかし、再審は「針の穴にらくだを通すようなもの」と例えられるように、再審開始までには、非常に厳しい道のりがあります。私は法律家ではありませんので、詳しくは述べませんが、日弁連を先頭に、再審法の改正については、議論が進んでいるようです。

でも、仮に再審で無罪が勝ち取れたからといって、「よかったね」「警察、検察も人間だもの。間違いはあるよね」「補償してもらってよかったね」で済まされるものではありません。一度下された「有罪判決」は、原発事故の被害者と同じように、故郷や正業、暮らし、そして家族までをも奪い、生活を破壊しつくします。つまり冤罪は、人の尊厳そのものを深く深く傷つけてしまう、権力による大犯罪ではないでしょうか。

警察、検察、裁判所の人たちだけではなく、公務員など行政に携わる立場の人たち、私たちの生活や命を司る地位（職業）に就く人たちの使命とは何であろうと考えてしまいます。彼らの使命とは、本来、この国に住む、なるべく多くの人たちが、幸せになること、あるいは生きていて良かったと思えるために働くことではないでしょうか。しかし冤罪を作る人たちに限れば、そのような認識はなく、自身のメンツや組織防衛、「歪んだ正義」（桜井昌司さん）のためだけに、必死に汗水を流しては、ひたすら、多くの国民を騙し、虐げ続けているように思われます。

この間、桜井さん、杉山さんの布川事件、青木惠子さんの東住吉事件、西山美香さんの湖東記念病院事件等々、次々と再審で無罪判決が勝ちとられてきました。袴田事件、日野町事件など再審開始が決定した事件も増えています。再審法改正への議論も高まっています。私は、今ここでこそ、私たち一人一人の力が必要になっていると考えます。「冤罪事件を一人でも多くの人たちに知ってほしい」。その思いで本書に収められた冤罪事件の執筆を続けてきました。本書を読まれた皆さんには、ぜひ、どんな形でも構いませんので、冤罪犠牲者を私たちの側に取り戻す闘い（活動）に関わっていただきたいと切望します。冤罪犠牲者を閉じ込める、重い重い「おおい」をこじ開けていきましょう。

本書を閉じるにあたり、事件の取材に協力していただいた当事者の皆さん、弁護団、支援者・関係者の皆さんには、お名前のすべてを紹介しきれませんが、ここで改めて深く感謝と御礼を申し上げます。そして本書を出版して頂いた鹿砦社社長・松岡利康さん、長い編集作業に携わってくださった編集の小島卓さん、装丁の西村吉彦さん、執筆当初から、本書編集にあたり、多大な助言を下さった鹿野健一さんにも感謝申し上げます。

最後に、対談中「大丈夫ですか？　休みますか」と声をかけると「俺のことは心配するな」と私を叱り、気丈に対談に応じてくれた桜井昌司さん、私の身に余る、素晴らしい推薦文を寄せて頂きました井戸謙一弁護士のお二人には、どれだけ感謝しても言葉では表現できません。本書『日本の冤罪』の価値を一段と高めて頂きました。まことにありがとうございました。

この国にはまだまだ冤罪は多数存在します。「東金女児殺害事件」のように一般的に冤罪と認識されていない事件もあります。これからもそれらの冤罪事件を専門家でない一般市民の目からみても理解しやすいような記事にまとめ、書き続けていきたいと考えております。関係者の皆様のご指導・ご協力を宜しくお願い致します。

二〇二三年八月三十一日　茨城県水戸市で桜井昌司さんの告別式が執り行われた日に大阪・西成の集い処「はな」にて

尾﨑美代子（おざき・みよこ）
1958年、新潟県生まれ。中央大学中退。大学生時代の80年代、山谷（東京）の日雇労働者、野宿者問題の支援に関わる。90年代初頭大阪に移住して以降は、同じく日雇労働者の町・釜ヶ崎に住みながら、フリースペースを兼ねた飲食店「集い処はな」を経営。釜ヶ崎で知り合った仲間たちと、3・11以後福島支援、反原発運動を始め、講演会、上映会、支援ライブなどを続ける。その傍ら、かつてより関心のあった冤罪事件の取材・執筆活動を続ける。

日本の冤罪

2023年11月1日初版第一刷 発行

著　者── 尾﨑美代子
発行者── 松岡利康
発行所── 株式会社鹿砦社（ろくさいしゃ）
●本社／関西編集室
兵庫県西宮市甲子園八番町2-1 ヨシダビル301号 〒663-8178
Tel 0798-49-5302 Fax 0798-49-5309
●東京編集室
東京都千代田区神田三崎町3-3-3 太陽ビル701号 〒101-0061
Tel 03-3238-7530 Fax 03-6231-5566
URL http://www.rokusaisha.com/
E-mail 営業部○sales@rokusaisha.com
編集部○editorial@rokusaisha.com

印刷・製本── 株式会社ディグ
装　　丁── 西村吉彦

Printed in Japan ISBN978-4-8463-1530-6 C0030
落丁、乱丁はお取り替えいたします。お手数ですが、弊社までご連絡ください。